中公文庫

滝田樗陰

『中央公論』名編集者の生涯

杉森久英

中央公論新社

目次

滝《たき》田《た》樗《ちょ》陰《いん》

『中央公論』名編集者の生涯

序章　樗陰とその時代

はじめに個人的な回想にふけることを許していただきたい。

私は昭和十四年に、中央公論社員に採用された。社長は故嶋中雄作氏であった。私が中央公論社に入社したというと、何人もの先輩・知人は、

「君も大いに勉強して、滝田樗陰《たきたちょいん》のような立派な編集者になりたまえ」

と激励してくれた。そのころは、樗陰がなくなってから、すでに十四年たっていたが、滝田樗陰というかつての名編集者の名前は伝説化されていて、人は『中央公論』といえば、まず滝田樗陰を思い出すもののようであった。『中央公論』と滝田樗陰とは同義語であった。

原稿依頼その他の用で文壇の大家を訪問しても、よく聞かされたのは、滝田樗陰の思い出であった。そのころの大家はほとんど、滝田樗陰の好意と庇護によって文壇へ

出たので、極端にいうと、彼がうんといわなければ文壇へ出ることは不可能なほどの権勢をふるっていたもののようであった。

「滝田樗陰の人力車がはじめてうちの前にとまったときの嬉しさは、わすれられないね」

何人もの老大家が、なつかしそうにいうのを、私は聞いた。本文の中でも詳しく述べるが、樗陰はいつも定紋《じょうもん》入りの自家用人力車を乗り回して、東京じゅうを飛びまわっていた。無名作家の家の前に彼の人力車がとまるということは、滝田樗陰が原稿依頼に訪ねて来たことを意味し、それは『中央公論』という檜舞台に登場する機会がおとずれたことを意味した。これまでの無名青年は、明日から文壇の輝ける星である。滝田樗陰はそのような幸運をもたらす男であった。

中央公論社内では、昭和十四年にもなると、古い社員はほとんど交替していて、滝田樗陰の顔をおぼえている人は、嶋中社長と松林恒専務くらいになってしまっていたが、樗陰という名前は、何かにつけて引合いに出された。私たちは会議のあとの雑談や食事のおりなど、よく嶋中社長に、

「滝田樗陰とは、どういう人でしたか」

と質問した。社長は樗陰のかくれた面の逸話などを語って、私たちの好奇心を満足させてくれた。そのいちいちを、私はほとんどおぼえていないが、全体としての印象は、世間に神格化して伝えられた樗陰の姿とは、かなり違ったものであった。この本で私の描く樗陰像が、これまでのそれと、すこしでも違っているところがあるとすれば、そのとき嶋中社長の談話から得た印象をもとにしているからである。

樗陰の時代というのは、どういう時代だったろうか。

彼が雑誌『中央公論』の編集者になったのは、日露戦争のはじまった明治三十七年である。まもなく戦争は終り、日本は戦後の混乱の時期に入る。

戦争のあとはいつでもそうだが、社会の秩序は乱れ、これまでの道徳は否定され、権威は嘲笑される。新しい世代は自分たちの美意識を主張する。「戦後」という言葉は、第一次世界大戦のあとから使われるようになったが、大きな戦争のあとは、常に戦後と呼ぶにふさわしい状態が現出する。日露戦争のあともそうであった。自然主義の運動は、こういう空気の中から生まれた。

わが国の文学史では自然主義と人道主義と新浪漫主義を区別するけれど、これらはいずれも日露戦後の動揺した空気の中で生まれたという点で、たがいに違っている部分よりも、共通している部分の方が多い。三者は、おなじ藪に生えた三本の筍のように、根はつながっているのである。

樗陰が『中央公論』の編集者になったとき、彼はようやく二十三歳で、まだ学生であった。このとき『中央公論』は売行きが悪くて、廃刊寸前の状態にあった。樗陰は雑誌に小説を載せればかならず売れると主張して、経営者の麻田駒之助を説得し、ついにその夢を実現した。『中央公論』は号を追うて売行きを増し、雑誌界の権威となった。

経営者の麻田駒之助は古い時代の人である。彼は恋愛を罪悪と見なす封建道徳で育てられたので、もっぱら男女間の情事をえがく文学に好意を持たず、新しい時代に順応することができなかった。藤村や花袋や、荷風や潤一郎によって、次の時代の幕が切って落とされ、新しい人間が誕生しつつあることが、彼には呑み込めなかったのだろう。

このとき滝田樗陰は、二十三歳の若さで、時代の空気を全身で呼吸していた。彼自身が日露の「戦後」であった。彼の編集する『中央公論』の文芸欄はそのまま、時代の青春を代弁していた。白鳥・泡鳴・善蔵・直哉・実篤・龍之介・春夫・谆・万太郎・犀星・荷風・潤一郎その他、明治の終りから大正へかけての作家で、一人として彼の息のかからぬ者はなかった。彼は大正文壇の最大の演出家だったといっていい。

滝田樗陰のもうひとつの功績は、吉野作造を起用して、デモクラシー思想を普及した点である。わが国の民主主義は、日露戦後の社会的不安と動揺を背景に、社会主義運動となって爆発しようとしたが、大逆事件によって抑圧された。しかし、自由と平等を求める民衆の願望は完全におさえきれるものではない。藩閥と官僚と軍部の独裁に抗して、民衆の手に政権を奪取しようという願望は、ますます激しくなった。

このとき滝田樗陰は、ヨーロッパ留学から帰ったばかりの吉野作造に着目し、ほとんど毎号『中央公論』誌上で、藩閥・官僚攻撃の論陣を張らせたのである。吉野作造の論文は『中央公論』の呼び物となり、旧勢力はこれを憎み恐れることはなはだしく、新時代はこれを歓呼して迎えた。大正から昭和へかけて、奔流のように日本を襲った民主主義・社会主義の風潮は、吉野作造の倦まずたゆまぬデモクラシーの主張によって、その下ごしらえがされたといってよく、その背後にあって、吉野をたえず激励し、鞭撻したのも、滝田樗陰であった。

こうして滝田樗陰は、明治の終りから大正へかけて、日本の文壇と思想界を、ほとんど一人で動かしたといっても、言い過ぎではないが、彼自身の著作は一冊も残していない。彼もまったく文章に志がなかったわけでもなく、たまには時局批判の筆をとったり、小説に筆を染めたりしたが、一方に『中央公論』の編集という重荷を背負っている彼は、ついに自分自身の果実をゆたかにみのらせることができなかった。時代に埋没することのみが自己を生かす道であるという編集者の常則から、彼もはずれていなかったのである。

そして彼は、日露戦争から震災直後にいたるおよそ二十年の間、毎月一冊の『中央公論』を発行することによって、おそらく他のどのような作家・評論家よりも、歴史に大きな足跡を残した。彼は近代日本の目覚めという壮大な劇を演出する無比の演出家であった。

以上、結論で述べるべきことを、最初に語りすぎた嫌いがあるかも知れないが、滝田樗陰という名前になじみの薄い読者のために、彼の業績とその時代の概要を紹介して、彼を理解する鍵としてもらおうというのが、私の意図である。

第一章　文芸欄を設けるまで

アルバイト学生

紺絣によれよれの木綿袴・角帽という姿の、貧しい東京帝国大学生滝田哲太郎が、学資の補いにするため、『中央公論』のアルバイト編集者になったのは、日露戦争直前の明治三十七年ごろであった。彼は雑誌に執筆するときは、樗陰という号を用いた。

そのころ『中央公論』の経営は最悪の状態にあった。広告を取る必要から、外部へは毎月千五百部なり二千部なり印刷しているといっていたが、実際の印刷部数は千部で、そのうち三百が寄贈、三百が年ぎめ読者と小売店で売れる分で、残りはむなしく玄関に積み上げられ、やがてそのまま屑屋へ渡ってしまった。社長の麻田駒之助は、これでは『中央公論』は廃刊にするよりしようがないかも知れないと考えはじめていた。これを盛り返して、日本の代表的な雑誌に仕立て上げたのは、ほとんど滝田樗陰ひとりの力であるといってよかった。

『中央公論』は、もと西本願寺に属する若い僧侶たちの機関誌として創刊された。明治初年の排仏棄釈の波に流され、新しく入ったキリスト教の攻勢に押されて、沈滞しきった仏教の勢力を挽回するには、若い仏教徒の一人一人が心の底から反省し、道徳的に清潔な日常生活を送るよりほかにないという考えから、彼らは「反省会」という修養団体を結成した。その標語は「禁酒」と「進徳」である。そしてその会の機関誌を『反省会雑誌』と名づけた。創刊は明治二十年八月で、これがのちに『中央公論』と改題され、滝田樗陰によって、日本の言論界の権威にまで高められるようになった雑誌の、そもそものはじめであった。

『反省会雑誌』には有力な後援者があった。それは西本願寺の二十二世門主大谷光瑞である。この雑誌の創刊のころ、彼はまだ十二歳の少年であったが、成長するにつれて、「反省会」に拠《よ》って宗門の改革を叫ぶ青年僧たちに好意をいだくようになり、小遣銭をさいて『反省会雑誌』の経営を助けた。彼は特に日本民族の海外発展に熱意を抱き、『反省会雑誌』に「海外新潮」という欄をもうけて、外国事情を一般に紹介させるため、毎月たくさんの外国雑誌や新聞を購入して、いちいち自分で目を通したうえで、編集部へ回付した。「海外新潮」欄はのち『中央公論』の呼び物となったが、滝田樗陰が『中央公論』の編集者となる因縁も、この欄によって作られたのである。『反省会雑誌』は創刊五年目の明治二十五年、『反省雑誌』と改題し（その理由はたいしたことではない。郵便法規が変わって、団体の機関誌などの料金が高くなったため、「会」の一字を削って、一般の営業雑誌のように見せかけ、費用を節約しようとしたのである）、九年目の明治二十九年、発行所を東京へ移した。京都は本願寺の本拠であって、ここに発行所を置くほうがいろいろと便利なことはいうまでもないが、若い編集者たちにとって、東京という言葉は魅力があったし、本願寺に巣食って若者たちの革新的な動きを監視し、圧迫を加えようとする事大主義の老僧たちの束縛から脱出するにも、いい口実になった。『中央公論』の歴史の上ではこれを東転といっている。

雑誌の発行所は本郷区西片町十番地に定められた。それは東大正門前を過ぎて農学部――そのころの一高前の停留場から西片町の方へ曲がり、「ふく稲」という鰻屋の狭い横丁を入り、突き当たった通りの、さらにもう一つ裏側の通りに面した、冠木門《かぶきもん》のある家であった。

東京の発行所の責任者は麻田駒之助であった。彼は先祖代々本願寺の寺侍を勤める家に生まれ、光瑞とその弟妹たちの家庭教師として仕えるうちに、光瑞門主の腹心のような存在となって、『反省会雑誌』創刊以来、発行事務を任されたが、編集は彼の得意とする面でなかったので、もっぱら経営面を担当した。

東転のときの彼の職名は『反省会雑誌』の庶務主任というのであったが、その任務は、光瑞のポケットから出る発行資金が、いかに使われるかを監視することであった。編集主任は桜井義肇《ぎちょう》である。彼は明治二十五年ころから、ほとんど一人で編集を切り回していた。このほか、顧問格の常連寄稿家に、高楠順次郎・高嶋米峰・杉村楚人冠などがいて、しょっちゅう本郷西片町の発行所へ集まって、編集企画に口を出していた。

東転以後の『反省雑誌』は仏教・禁酒雑誌から、しだいに社会・綜合雑誌の色彩を濃くしてきたが、売行きはあまりよくなかった。それは「反省」という字が、いかにも道徳的で、陰気くさく、偏狭な雑誌という印象を与えるからであろうという意見が出て、『中央公論』と改題されることになった。明治三十二年一月号からで、創刊以来十二年目であった。

誌名が『中央公論』と改まっても、雑誌の売行きはすこしもよくならなかった。

そのうち、編集主任の桜井義肇が本願寺と衝突して、罷免された。彼は意地になって『新公論』という雑誌を創刊し、もとの古巣の『中央公論』に挑戦を表明した。高嶋米峰・杉村楚人冠ら従来の寄稿家グループも彼を応援することになった。『中央公論』には、麻田駒之助がひとり残されることになった。彼は代々、本願寺の忠臣であり、光瑞門主の腹心であって、どんなことがあっても、本山に反旗をひるがえすことができないように宿命づけられている。彼はひとりで『中央公論』を守ってゆかなければならなくなったが、これまで雑務ばかり引き受けていて、編集の経験はまるでなかったので、途方にくれてしまった。

一方、『新公論』の桜井義肇は名編集者という評判が高いうえに、これまでの『中央公論』の有力な執筆グループが全部『新公論』の方へいってしまったので、誰の目にも桜井義肇のほうに勝ち味が多いようにみえた。『新公論』は半年もしないうちに『中央公論』の読者を全部吸収してみせると豪語していた。

編集にまったく自信の持てなかった麻田駒之助は、これまでの執筆グループの一人高嶋米峰をたずねて、協力を求めた。しかし、高嶋はすでに『新公論』を助ける約束になっていたので、麻田の依頼をことわったが、ただことわるだけというのも気の毒だと思って、代わりに『都新聞』の美術記者林田春潮を推薦した。

『新公論』ははじめのうち、なかなか好調で、『中央公論』を圧倒するかとみえたが、主宰者の桜井義肇に経営の手腕がないため、次第に不振となり、とうとうつぶれてしまった。

一方、『中央公論』ははじめのうち苦戦で、上に記したように、毎月たった千部を持て余すありさまだったが、次第に面目を改め、三年、五年とたつうちには、そのころ東京一と誇っていた『太陽』と併立するほどの勢いとなった。そして、その功の大部分は滝田樗陰に帰せらるべきものであった。

秋江との出会い

東京帝国大学生滝田樗陰が『中央公論』のアルバイト編集者になったのは、正確にいえば何年何月であったか、今日からではわからないが、彼が仙台の二高を卒業して、東京帝国大学の英文科へ入ったのが明治三十六年九月であったことから考えて、だいたいその年の秋か冬であったと想像していいであろう。それはちょうど、『中央公論』と『新公論』の分裂さわぎのあった前後に当たるはずである。彼も多分そのゴタゴタを見たことであったろう。

　もっとも、はじめのうち樗陰は、毎日通勤したのではなかった。彼の仕事は、例の大谷光瑞が熱を入れている「海外新潮」欄のために、外国の新聞・雑誌の記事を翻訳するだけのことであったらしいから、週に何回か顔を出せばたりたことであろう。それは編集者というより、専属の寄稿者といったほうがいいような存在であった。

『中央公論』が麻田駒之助の単独経営になってから最初に入社した記者は、後年作家として有名になった近松秋江（本名徳田浩司）であった。高嶋米峰が紹介した都新聞記者林田春潮は、どういうわけか、自分では入社せず、若い顔見知りの近松秋江を推薦したのである。彼もまた『中央公論』は『新公論』に圧迫されて、まもなくつぶれると見通したものであろうか。

　近松秋江は正宗白鳥と同郷の岡山県人であるばかりでなく、早稲田大学の同級生で、卒業と同時に恩師坪内逍遥の紹介で博文館の編集部に入ったが半年で去り、母校早稲田大学の出版部を経て『中央公論』の編集にたずさわるようになった。彼の目に映った若き日の滝田樗陰の姿は、次のようであった（『中央公論』大正十四年十二月号「本誌入社当時の滝田君」）。

「……その頃、雑誌の内容に、海外思潮といふ六号活字の欄があって、外国の新聞雑誌の切抜きを翻訳して載せてゐた。その切抜きは、当時欧羅巴《ヨーロッパ》に滞在してゐた大谷光瑞師の手許から送って越されるのだとか、聞いてゐた。

社主の麻田氏は、私が編輯することになって、二回めか三回めに会った時、畔柳《くろやなぎ》都太郎《くにたろう》氏（故の第一高校英語教授芥舟氏）の紹介で、海外思潮欄の翻訳をやらすことになってゐる、大学の学生が一人ある。それを近日一度伺はすから、それに編輯の手伝ひをもさせて下さいといふ話であった。

その学生は、その翌日かに直ぐ訪ねて来た。それが、中央公論の主幹として、後に雑誌界の大立者となった滝田哲太郎君であった。大学生（帝国大学生）とか、若い文学士などと云へば、その頃はまだ、えて、厭にぎすぐ\したり、高慢チキであったりしたものだが、初めて訪ねて来た滝田哲太郎氏は、看板の角帽も冠らず、鳥打ち帽を冠って、木綿の袴を穿いてゐた。素樸な、矯飾のない、卒直で淡白で、腰の低い、厭味にならぬ程度に一ととほりの礼儀に富んだ青年であった。私は、初対面から、もう、滝田君に、まあ、いはば惚れてしまった訳であった。

その時、編輯の都合で、便宜上暫らく私の、小石川小日向台町の陋宅で編輯をしてゐたりしたので、麻田氏も屢々私の陋宅に駕を枉げられ、滝田君は、それから後始終私の家に来てゐた。そして私の陋宅といふのは、わづかに四畳半二た間と三畳に二畳とかいったやうな、文字通りの陋宅であって、その頃は、私の旧作『別れたる妻に送る手紙』に書いてゐるところの所謂『別れたる妻』と同棲してゐる時分で、貧しい粗飯を呈して滝田君とよく食膳を共にした。すると、滝田君は、私の家の不味い御飯をも、実に心持よく、悪遠慮などせずに、甘味さうに食ってくれた」（著者注――「海外思潮」とあるのは「海外新潮」のこと）

ところで、滝田樗陰のやった仕事というのは、『ロンドン・タイムズ』『イブニング・ポスト』『デーリー・メール』『フォートナイトリー・レビュー』『クォータリー・レビュー』などの新聞・雑誌に載った政治・外交・社会に関する評論類の紹介であって、相当の常識と学力を必要とするのだったが、樗陰はじつに楽々と平明流暢に書きあげ、月々五円ずつもらって学資のたしにしていた。

白鳥の見た秋江

近松秋江は滝田樗陰と親しくなるにつれて、彼の明晰な頭脳と、広汎な趣味と、高邁な識見に傾倒し、この人をだんだん編集に習熟させたら、得がたい編集者になるにちがいないと信ずるようになった。しかし、樗陰はまだ勉学中の身で、社から支給される額はきわめてすくない。ところが秋江は、専任の編集者で、樗陰の八倍もの高給を取っているので、原稿依頼など、もっぱら秋江が人力車で出かけて、自分で交渉してくるというふうであった。

近松秋江は一人で原稿の依頼に出かけたり、編集の事務をやったりしていたが、あるとき「海外新潮」の原稿をもってやってきた樗陰にむかって、

「君もすこし名士を訪問しかたがた、原稿の依頼に行ってみませんか」

というと、相手はうれしそうに、

「ええ、行きます。私も行ってみたいと思っていたところです」

といった。前年の秋、はじめて東京の土を踏んだ彼は、かねて名前だけ聞いてあこがれていた東京の名士に会ってみたくてたまらないのであった。

ところで、このようにして滝田樗陰に編集者となる機会を作ってやった近松秋江という男は、どういう人物であったか。彼と同窓の友人正宗白鳥は、『流浪の人』という作品のなかで、つぎのように書いている。

「二人は、卒業後も東京に踏留まる決心はしてゐても、職業に何を選ぶかは極めてゐなかった。行当りバッタリの有様であった。それで、私は早稲田の出版部の編輯者になり、秋江は間もなく、博文館の編輯員になった。かうして世の中へ出ると、人間はお互ひに自分の本性を現はすものである。親から学資を貰って学校通ひしてゐた時と、自力で世間から金を取って生活する時とは、心構へがおのづから異ふのであるが、私は自分の事は別として、秋江の人となりが面目を一新して私の心眼に映ずるのを痛感した。面目を一新したのではない。地金が出たと云ってもいいのである。私の憎人癖は、学校卒業後の秋江によって培養されたと云っていい。

彼は二た月ばかり博文館に勤めてゐた。会ふと、この当時第一の出版王国の内部の有様をべちゃべちゃよく喋舌ってゐた。（中略）ところで、秋江のやうな辛抱気のない怠け者には、規律の正しい会社勤めの出来る筈はなく、四の五のと理窟をつけて退社することになった。独身者だから気軽に退社も出来たのだが、無職では下宿代にも困るので、学校の先輩を歴訪して、事情を訴へた。そして、有力な先輩の口利きで、私などのゐる早稲田の出版部へ割込むことになったが、その噂を聞くと私はショックを感じた。人生に踏出した最初に受けたショックであった。

彼は、私のやってゐる文学講義録の幾分を手助けし、傍ら早稲田学報の手伝ひをもする事になってゐた。それで仕事が量張るといふ訳か、月給が私よりも少し多かった。さういふ極め方をした先輩が、人間知らずなのだ。少くも秋江知らずなのだ。秋江はこれ幸ひとして、どちらの仕事にも身を入れないのである。自分は、負担してゐる仕事のうち、十分の七が講義録の方で、十分の三は学報の方だと、秋江は公言して、詰りはどちらもやらぬ事になった。何もやらなかったのだ。世の中にかういふ事があるものかと、私はいろいろな人生経験を積んだ五十年後の今日でも、回顧して不思議に思ってゐる。私は世上の多数人の心理をよく知らないのだが、大抵の人間なら、いくら怠けものであっても、月給を取ってゐれば、いくらか仕事をしさうなものだと推察される。ところが、秋江に於ては、さういふ責任感は虫眼鏡で探しても見当たらないのである。『校正仕事は俗で面白くない』と云ったりしてゐた。私の前の椅子に腰を掛けて、欠伸をしたり、『君の顔は「多情多恨」の鷲見柳之助に似てゐる。ハ、、』と云ったりする。『そんな馬鹿な事を云はないで早くやれよ』と、私が迫ると、長い顔を振はせながら、目をしば叩き、舌なめずりして、校正の筆を採るのだが、それは十分とも続かないのを例とした。第一、彼の校正は用をなさないので、そのままにしてゐたら、誤植だらけの講義録が出る訳であった。退屈すると用事にかこつけて定刻前によく帰って行った。私に挨拶もなく、会計から二た月分の月給を前借して、母親の還暦祝ひに列席すべく帰郷した。私は主任だから、期日までに、編輯でも校正でも仕上げなければならなかった。学報の主任に『徳田は多少手助けになるか』と訊くと、寡黙超然と澄ましてゐるその人は、笑って答へなかった」

やがて白鳥は早稲田の出版部を辞職した。それは秋江といっしょに仕事をするのがいやだったからである。

「私は一たび職を得たら、多少の不平があらうとも、どうにか辛抱して、先方から追出されるまでは勤め続けるやうな人間なので、講義録編輯と云ったやうな面白くもない仕事でも、最初に得た職業を一年未満で抛棄する筈はなかったのに、秋江と事を共にするのがいやさに、簡単に出版部を離れた。『私は今後、秋江とは決して仕事を共にしない。彼とは遊び相手として一生交ってゐればいいのである』と神掛けて誓ったのであった」

白鳥が出たあと、秋江もまもなく出版部をやめたが、それは白鳥の後任者が秋江を排斥したからであった。

やがて秋江は小日向台町に小さな家を借りて、ある貸席の女中と同棲した。そして林田春潮の紹介で、『中央公論』の記者となった。このへんの経緯を、白鳥はこう書いている。

「博文館の編輯員になったり、中央公論の記者になったりしたのは、今から考へてみると甚だ恵まれてゐた訳であるが、実際はさうではなかった。中央公論は内輪揉めがあって分裂したばかりの時で、当時微小な存在であった。新たに中央公論の社長として立つ事となった麻田駒之助は、経済の上からも有力な社員を招聘する力を欠いてゐた。しかし、いかに適当な編輯者が得られないといったって、秋江のやうな、働く事のきらひな男をよくも雇用したものだと、私は麻田に気の毒な思ひをした。秋江は編輯上の抱負を我々の前でよく喋舌ってゐた。実行不可能の抱負で、夢見たいな話であった。夢のやうな話であっても、それはそれで結構であったが、実際の編輯はどんな風にやってゐるか知らんと、他人事ながら麻田社長の迷惑振りを私は想像した。そのうち麻田は、法科の学生滝田哲太郎を秋江の助手として使用することにした。滝田が秋江の家で、その内縁の妻の気の利いたもてなしで、一酌を傾け、陶然とした気持で、義太夫を語ってゐるのを、私は見たこともあった」

ところが、一年もたたぬうちに、秋江は社をやめさせられた。あるとき白鳥が原稿持参で中央公論社をたずねると、麻田社長は免職の事情をこまごまと話した。

「私も、社内に争ひがあったあとで、責任をもって社を引受けたのですから、社員も極った方に長く勤めて頂くつもりでゐるんですが、あの人には困りました。或時も秀英舎の方から、渡されてゐる原稿はあのまま組んでいいんですか、ちぐはぐになってゐるやうに思ひますがと電話が掛って来たので、早速駆けつけて見ると、原稿のページ付けが滅茶で、順序が狂ってるんです。不注意の甚だしいのに驚きました。それで私がどうにか整理して、帰りに秋江さんの所へ寄って見ますと、浴衣掛けで寝そべってるといふ有様なんです。今日はひどく暑いですからな。それに、秀英舎のあの部屋は西日があたって、長くゐると霍乱《かくらん》を起しさうですと云って、けろりとしてゐるんです。あの人は雑誌が不体裁であらうと、誤植があらうと、編輯者として少しも気にしてゐないんだから不思議ですな。そのくせ、寄稿者の履歴や書かれたもののよし悪しは、私によく説明して教へてくれます。私を何も知らない者のやうに思って、教へてくれます。この人の原稿を取るといいと熱心に勧められるから、ぢゃ取って来て下さいと頼むと、いや、この人のよりはあの人がいいと云ったりして、しまひには何が何やら分らないので大笑ひになった事もありました。礼儀の常識のないにも困りました。名士や寄稿者を訪問するのに、袴も着けない、着流しぢゃ困りますからね。いつか石黒忠悳《ただのり》さんの話を聴きに行って貰った時、石黒さんが向うから俥《くるま》で帰って来られるのを見ると、側へ駆け寄って、石黒さん〳〵と手招きしたさうです。石黒さんは無礼者と叱ったさうです。いかにも徳田さんのやりさうな事で、愛嬌もありますが、雑誌記者として、さういふ風ぢゃ困りますね。如何にも編輯者として不適任ですから、訳を云ってやめて貰ひました」

後年、名作『別れたる妻に送る手紙』を書いた近松秋江も、編集者としては、およそかくの如きダラシなさであった。なお、石黒忠悳は日本陸軍軍医界の大御所で、軍医総監・男爵であったし、のちには枢密顧問官になったから、雑誌記者風情にさんづけで呼ばれ、手招きされるにふさわしくない人物と、自分自身を思っていたに相違ない。

もっとも正宗白鳥は、秋江の実務家としての素質には、このように手きびしい批判を加えながらも、彼の文学者としての才能は高く買って、月評などでもたえず彼の作品を取り上げてやった。

そのころ文壇で、正宗白鳥の発言は重んぜられていたから、秋江の文壇的地位を高めるのに、大いに役立ったことは事実である。白鳥のような男を級友に持ったことは、彼にとって幸運であった。

近松秋江は、上述のように、白鳥や麻田駒之助の口にかかるとボロクソだが、彼は彼なりに、まじめに『中央公論』の前途のことを考えていた。すくなくも、彼自身はそのようにいっている。

秋江の見た樗陰

「その頃雑誌としては、博文館の『太陽』が覇を唱へてゐた時分で『中央公論』は先づその種類の雑誌であったが、先の反省雑誌の時代に比して、私の前に編輯を司ってゐた人がずっと調子を引下げて通俗なものにしてゐたので、その点を何とかしなければ『太陽』などの群に割込んで行くことは容易でないと思ってゐた。併し通俗といっても、（中略）娯楽趣味の調子の低いものではなく、実利主義的な、無趣味な、雑ぱくな雑誌に落ちてゐた（著者注――通俗という言葉が、ここでは今日とすこし違った意味に使われていることに注意されたい。世間的なものを軽蔑する文人気質の残っていた明治のころでは、実利主義的なもの、無趣味なものが通俗とされたのであった)。

私は、それに先づ文学趣味を加へやうとした。反省雑誌の高雅な気品を思ひ起した。その事を滝田君に語ると君も賛成した。社主の麻田氏は、私の意見を心元ながって、なりたけ従来の編輯の遣《や》り方を崩さないで行かうとする大事取りの意見であった。その事で私と麻田氏と常に意見の衝突を来たした。短気な私は、屢々社主たる麻田氏に対して激越な調子で無礼なことを云った。それでも飽くまで穏和な麻田氏は嘗て一度も色を変じて怒を表はすといふやうなことはなかった。そして麻田氏が私の陋宅から帰っていった後で、私の『別れたる妻』は、私に向って『あなた、幾ら何でも、麻田さんに向って、あんまり非道いことをいふのは可《い》けませんよ。わたし、麻田さんに対して気の毒で為方がない』と、本当に当惑したやうな顔をして、私に苦言を呈することと屢々であった。私も後では、悪かったと思った。

その年の一月の末から編輯に当り、やがて冬去り春を過ぎて、夏半ばになった。それより三四年前、はじめて博文館に入り、わづか半歳で退社したやうな私であるから、中央公論でも次第に怠けた。私は、麻田氏に向って、折々滝田君の才幹を称揚して此の人を重用せられんことを薦めてゐた。果して麻田氏は私を謝して、滝田君を対手に編輯することになった。そして、その翌月から、雑誌の内容も大分調子が変って、小説欄も設けられたし、体裁も、以前のごみ〳〵してゐたのが、俄にすっきりしたものになって来た。そして、その年の暮に出た新年号は、もう雑誌屋の店頭にあって、注目を惹くほどのものとなった」（上掲「本誌入社当時の滝田君」）

近松秋江は、自分の去ったあとを、すぐに滝田樗陰が引き継いだように書いているが、実はそうでなく、彼の次の編集長は高山覚威（のち大山と改姓、号は雲峰あるいは血来）であった。

高山覚威編集長とのコンビ

高山覚威は鳥取の人であったが、まだ若くて、滝田樗陰とほとんど同年輩だったらしい。彼は後にそのころを回顧して、次のように書いている。

「滝田君は大学の制帽を冠って、よれ〳〵の木綿袴を穿いて、冬でも額に汗をかいて、いつも慌てたやうな格好で、アノ門をガタコトいはせて入って来たものだ。

麻田さんもあの頃は若かった。私と滝田君は、若いといふよりも、少年から青年にやっと一と足踏み入れたばかりといってよかった。滝田君に至っては私より年下でもあったが、少年らしい腕白気をまだ多分に持って居た、イヤこの腕白気は死ぬまで君から脱けなかった。そしてこれが君の身上であったかも知れない」(『中央公論』大正十四年十二月号「思ひ出すがまゝに」)

この年、麻田駒之助は数え年で三十六歳、樗陰は二十三歳であったが、高山覚威は樗陰より年上といっても、せいぜい二つか三つ上といったところだったろうから、まったく青二才といってよかった。

一方、『新公論』は桜井義肇にしろ、高嶋米峰にしろ、杉村楚人冠にしろ、すでに論壇に確固とした地位を占める一流編集者および評論家ばかりであったから、彼らからみると『中央公論』の編集陣は、駆け出し小僧の集りで、こんな連中に何ができるかと、たかをくくる気持になったことであろう。

しかし、高山覚威と樗陰が編集するようになってから、雑誌は急に売れだした。これまで一千部を持て余していたのが、三、四ヵ月目にはたりなくなり、翌三十八年の新年号は千五百部刷っても、年内に売り切れて、方々の書店から再版を要求してくるほどであった。

もっとも、これは高山と樗陰の編集がよかったというだけの理由であったかどうかわからない。ちょうどこのころ、日露戦争がはじまったばかりで、時局に対する国民の関心が高まり、新聞・雑誌の売行きが一般によくなっていたのである。いま、千五百部刷っても売り切れたという三十八年新年号の目次の中から、戦争に関係のある記事を拾ってみると、つぎのようなものが数えられる。

和すべきか更に戦ふべきか（社説）
武士道と人格の観念（綱島栄一郎）
戦局私観（福本日南）
列国は仲裁の義務あり（海外新潮）
英国は日露何れに左袒すべきか（海外新潮）
日本の連捷は医療整備に負ふ所多し（海外新潮）
露人が日本人を評する負惜み（海外新潮）
旅順とセバストポールとの比較（海外新潮）
露国の農民と戦争（海外新潮）
交戦の終局（海内思潮）
時局に於ける生命保険事業の効果（海内思潮）

日本の強大なる原因（海内思潮）
戦争と国民生活（評論）

以上のうち、「海外新潮」の筆者が滝田樗陰であることは上述したとおりであるが、「海内思潮」もまた樗陰の筆になったもののようである。高山覚威は樗陰の仕事ぶりを見ていると、彼はこの骨の折れる翻訳の作業を、忠実に、丁寧にやってはいたけれど、内心あまり気乗りしていないふうなので、気の毒になり、もっと興味が持てて、彼の才能の発揮できる仕事をあてがってやろうと、そのころの大学生気質や、学生一般の風潮を中心に「内国思潮」というような欄をもうけて、自分で執筆したらどうかと、すすめたのであった。この欄は明治三十七年十月から『中央公論』に設けられた。はじめは「内国思潮」といったが、のち「海内思潮」と改題された。

小説を載せるまでの苦心

高山覚威はさらに、『中央公論』の売行きをもっとよくするには、小説を載せるに限ると考えて、滝田樗陰に相談した。樗陰も小説は好きだし、将来自分でも小説家になるつもりでいたので、大賛成である。しかし、彼は小声で、

「小説を載せると、きっと売れるんだが、麻田さんが承知しませんよ。以前にもそういう意見が出たことがあるんですが、麻田さんが怒りましてね」

樗陰は、近松秋江がたびたび文学趣味を提唱して、麻田と口論する現場を見ているから、麻田が小説を好まないことを知りぬいている。

麻田の小説嫌いは、そのころの知識階級の一部に残っていた古風な保守的気質から来るものであった。すなわち、彼らにとって、文芸というものは、軟弱かつ淫靡なもので、風俗を頽廃にみちびき、道徳を腐蝕する根源である。ことに明治も三十年代に入ると、文壇に自然主義の勢力がさかんになろうとして、人間の本能と欲望を赤裸々に描く作品が喜ばれるようになっていたから、もし雑誌に文学趣味を加えるとすれば、そのような作品を載せねばならないだろう。『中央公論』はもともと、西本願寺の僧侶の風俗の頽廃を救い、教勢を振起するために、禁酒と進徳を旗印として創刊された雑誌である。いくら雑誌の部数をのばすためとはいえ、創立の精神を曲げてまで、悪徳にまみれた文芸作品を載せたくないというのが、彼の考えであった。

さらに彼は、本願寺の思惑も考える。『中央公論』へは毎月本願寺から金が出ている。はじめのうち、この金は光瑞個人のポケットから出ていたが、明治三十二年、彼がヨーロッパの旅に出かけてからは、本山の内局から支払われるようになった。その額は、多い月は六、七百円にも及んだので、雑誌の売行きが不振のときでも、なんとかやりくりすることができた。『新公論』分裂のあとも、いまにもつぶれそうに見えながら持ちこたえていくことができたのは、この金のおかげであった。

麻田駒之助と本願寺とは、切っても切れぬ縁でつながっていた。彼の家は先祖代々、本願寺の寺侍である。彼は光瑞とその四人の弟妹の家庭教師であり、相談相手である。「反省会」の革新的青年僧たちを光瑞へ紹介したのも、彼であった。のちに、この革新派は反旗をひるがえして『新公論』に拠ったけれど、それは彼らと本願寺との結びつきが麻田ほど深くなかったからである。麻田は彼らから孤立しても、本願寺に忠節を尽さねばならぬ義理があった。

したがって、彼にとって『中央公論』は独立自由の言論機関でなく、どこまでも、本願寺の雑誌である。ちょうど麻田家が、先祖代々本願寺の家来であるように。したがって、彼の発行にかかる雑誌が、不道徳きわまる文芸作品を載せるなど、本願寺に対して相すまぬことであった。

もっとも麻田駒之助は、小説を載せれば雑誌の売行きがいいことを、知らないわけではなかった。七年前の明治三十年八月、この雑誌がまだ『反省雑誌』といっていたころ、「文芸夏期付録号」という題で小説特集号を出したところ、普通号は千五百部しか刷らないのに対して、二千部刷り、それもたちまち品切れになったので、さらに三百部追加するほどの好評であった。

この「文芸夏期付録」の企画は、『反省雑誌』独自の着想というわけではなかった。というのは、そのころ徳富蘇峰の主宰する『国民之友』が毎年の新年・春・夏などに、特別付録と題して、文壇の大家・中堅・新進を網羅した小説特集号を出し、青年読者の注目を集めていたので、それにならったものであった。

ついでにいえば、『反省会雑誌』は創刊以来、たえず『国民之友』を目標にしていた。目の敵《かたき》にしたといってもよかった。というのは、『国民之友』は、仏教の当面の敵であるキリスト教を指導精神としている雑誌である。反省会の発足は、そもそもキリスト教の攻勢から仏教を守ろうというところに、その趣旨があったのであるが、その方法として禁酒を唱導したのは、じつはキリスト教のまねをしたものであった。そのころの青年男女がすべて仏教を捨ててキリスト教に走ったのは、仏教徒が堕落して、悪徳に染まっているからである。青年の心をつなぎ留めるには、すべからくキリスト教に学んで、酒を禁じ、清潔な道徳生活をしなければならぬというのであるが、これは見方によっては、敵を倒すために敵の武器を奪うやり方である。それはちょうど、日本の軍隊が、欧米から学んだ軍艦や大砲をもちいて、欧米と戦おうとしたと同じやり方であった。

同様にして『反省会雑誌』は、たえず『国民之友』に注目していた。『国民之友』の創刊は明治二十年の二月であって『反省会雑誌』より半年早いだけである。この雑誌は新時代の青年をひきつける魅力を持っていて、たえず飛躍を続け、数万の発行部数を誇っていたが、『反省会雑誌』にとっては、これこそ追いつき追い越すべき恰好の目標であった。

しかし彼らは、どうしても『国民之友』に追いつくことができなかった。彼らは及び難い高さで目の前にそそり立つ『国民之友』を、歯ぎしりしながら見上げるよりしかたがなかった。そのうちに、『国民之友』は廃刊の運命をたどったが、それは『反省会雑誌』に打倒されたのでなくて、主宰者の徳富蘇峰自身の思想的転向による自滅にすぎなかった。『国民之友』が廃刊になった明治三十二年は、『反省雑誌』が『中央公論』と改題になった年である。

ところで、その『国民之友』の文芸付録をまねた『反省雑誌』夏期付録は、総ページ数三四八に及ぶ、当時としては珍しい大冊で、普通号のほかに、次のような作品が集められていた。

かた袖	（小説）	大町桂月
嵯峨野の月	（小説）	小中村義象
青大将	（小説）	広津柳浪
雲のいろ〳〵	（随筆）	幸田露伴
わがそでの記	（美文）	高山林次郎
滝	（俳句）	正岡子規
零露五十顆	（俳句）	高浜虚子選
ナーガナンダム	（仏教劇）	高楠順次郎
銷夏百首	（和歌）	坂　正臣他
悔の八千たび	（和歌）	税所《さいしょ》敦子
東眼西眼	（随筆）	志賀矧川《いんせん》
松風録	（随筆）	菅《すが》　空文

夏期の追懐（随筆）末松青萍《せいひょう》
遊仙十二大観（紀行）久保青琴
問はず語り（随筆）大内青巒《せいらん》
詩壇　野口寧斎　森槐南他
新体詩　中邨秋香　国木田独歩　与謝野鉄幹

なお参考のために付け加えれば、この顔ぶれのなかに高楠順次郎・菅空文・大内青巒の名前があることが、この雑誌の素性である仏教臭さを物語っていた。菅空文は『反省会雑誌』創刊のころの発行名義人菅実丸である。

なお、特集付録は、翌三十一年一月と八月にもつづけられ、前者には泉鏡花・高浜虚子の小説、コナン・ドイルの翻訳小説、土井晩翠・武島羽衣の新体詩が、後者には正岡子規・内村鑑三・杉浦重剛・大町桂月・宮崎八百吉らの随筆、幸田露伴の小説、島崎藤村・土井晩翠・与謝野鉄幹の新体詩が載せられている。

これらの号はいずれも好評で、大増刷をしたにもかかわらず、そのために文芸を尊重して、雑誌を拡張しようという気になれなかったところに、麻田駒之助の潔癖な、しかし一面かたくなな道徳意識が看取できるわけである。

『反省雑誌』の文芸欄

したがって、上記明治三十年八月の文芸付録を見ても、その内容は思いのほか清潔である。そのころ文壇の中心勢力は硯友社《けんゆうしゃ》で、尾崎紅葉・石橋思案・巌谷小波・広津柳浪・川上眉山らが轡《くつわ》を並べ、その他、泉鏡花・小栗風葉らが新人として出かかっていたはずであるが、これらのうち、『反省雑誌』の文芸付録に名前の見えるのは広津柳浪ひとりで、他は大町桂月とか、小中村義象とか、幸田露伴とかいった、文壇では傍流とされる人の名前で占められている。もっともこれらを文壇の傍流というのは、小説を主として考えた場合で、当時の知識階級全体の関心というところに視点をおいてみれば、硯友社を中心とする軟文学のほうが傍流だったといういい方もできなくはない。

いずれにしろ、麻田駒之助は、その後洪水のように荒れ狂って、あらゆる古い物を押し流す勢力となった自然主義、あるいは、その背後にある近代精神について、あまり理解があるとはいえなかったのである。

ところが、一方、高山覚威と滝田樗陰は、小説が載せたくてたまらない。彼らには本願寺に対する気がねなんかありはしないし、雑誌を編集する以上、自分の好きな原稿を載せて、うんと売ってみたくてしようがない。

そこで二人は麻田社長を説得する方法を考えた。麻田が小説をきらうのは、恋をきらうのである。恋をもって不潔なものとし、罪悪とするのが麻田の道徳であるから、まず彼をして恋を知らしめねばならぬ。それにはどうしたらいいか？　彼らは麻田を待合へ連れこんで、美しい芸者をして誘惑せしめるという計略まで考えたが、さてコチコチの堅人の麻田をいかにして待合へ連れていったらいいかわからぬままに、この計略は流れた。

ともかく高山と樗陰とは、麻田にむかって繰り返し巻き返し、恋の神聖なるゆえんと、小説のけっして不道徳ならざる理由とを説いて倦まなかった。そのうち麻田もだいぶ折れてきて、風俗を乱さぬ上品な小説なら載せてもよろしいというところまできた。

そこでさっそく誰かに小説を書いてもらおうということになったが、何事も最初が肝腎である。小説というものは、どうせ男女の関係が出てくるものときまっているが、はじめからあまり濃厚な色模様の小説を載せると、麻田社長は一度で懲りて、二度と載せようといわなくなるかもしれぬ。ここは一つ、小説は素人の文学者に、なるべくサッパリした美文でも書いてもらって、麻田には、「どうです。こんな小説もあるのです。なかなか上品なものでしょう」といって安心させ、そのうち徐々にこちらの領分へひっぱりこもうという作戦をたてた。

そこで、最初に誰に書かせようかということだが、二人はさんざん知恵をしぼったあげく、楞陰の二高時代の先生に当たる登張《とばり》竹風にたのむことに一決した。登張は有名なドイツ文学者で、泉鏡花の友人でもあるが、二高教授でもあって、上品なことはこの上ない。

ところが、原稿が届いて読んでみると、最初の一行から、

「私は真実貴女に惚れました」

という文句が出てくる。麻田が顔をしかめて、

「これだから、小説はいけないというのだ。君たちが上品だ上品だという先生さえ、こんな調子だから、一般の小説家だったら、どんなものを書いてくるかわかったものではない。この原稿はお返しすることにしよう」

といって、承知しない。二人は大いに困却したが、この小説は、おしまいまで読んで

みると大したことはなく、問題になるのは最初の一行だけであったから、二人は大いに説き、麻田も納得して、無事掲載ということになった。宿望を遂げた二人は、その夜は団子坂のそば屋へ出かけて、祝盃をあげた。

これが三十八年三月号の「出来心」で、『中央公論』に小説の載った最初である。続いて、五月号には柳川春葉の「炉のほとり」を、六月号には泉鏡花の「女客」をというふうに、毎月一編ずつ小説を載せたが、このころから雑誌の売行きはますますよくなり、この年の十一月の二百号記念増大号のごときは、五千部が町へ出るやいなや、たちまち売り切れた。

雑誌が売れだすと、高山覚威と滝田樗陰の鼻息が荒くなり、社内で大きな顔をするようになった。社内といっても、『反省会雑誌』東転以来の、麻田駒之助の住居を兼ねた西片町の日本家屋である。高山も樗陰も、ここで昼飯も晩飯も食っていたが、雑誌の調子がよくなると、台所をあずかっていた駒之助の妹のお絹に、それとなく御馳走を要求し、やがては晩酌に銚子を一本つけさせるようになった。こういうとき、いつも先に立って憎まれ役をひきうけるのは滝田樗陰であった。

しかし、高山覚威は『中央公論』発展のほんの一つの礎石を置いただけで、まもなく退社し、編集の責任は滝田樗陰に移った。

第二章　新人の発掘

樗陰の生いたち

滝田樗陰は本名を哲太郎といい、明治十五年六月二十八日、秋田市手形新町に生まれた。

滝田家は代々秋田藩士であったが、樗陰の祖父喜蔵は、明治戊辰《ぼしん》の役に盛岡藩と戦って戦死した。喜蔵の娘よしは同藩の町田以久治を婿に迎えた。樗陰はその長男である。

樗陰の父以久治の実家の弟を町田忠治といった。のち民政党総裁となり、商工大臣となって、ノントウ大臣とあだ名をつけられた人である。ノントウというのは、ノンキナトウサンの略で、その風貌が当時流行した漫画の人物に似ているためにつけられたものであった。

滝田樗陰がこの著名な人物の甥であることを知っている人がほとんどないのは、彼がめったにこの叔父のことを吹聴しなかったからである。もっとも、町田忠治が政界で重要な存在になったのは、樗陰のなくなるころからであって、樗陰の全盛時代は、彼の方がむしろ叔父よりも著名であったかも知れない。

樗陰がこの叔父と生涯ほとんど没交渉だったのは、彼がある年の新年に年賀にいったところ、玄関から上へ上げもせず、つめたく追い返されたためだという。もっとも、この話は樗陰の側に伝えられているところに従ったので、町田家にどのような言い分があるかはわからない。いずれにしろ、樗陰はそのとき以来、町田忠治の家へ足踏みしない決心をしたといわれている。

樗陰は秋田市の保戸野小学校を経て、明治二十八年、秋田中学に入り、三十三年、卒業とともに、仙台の第二高等学校に入学した。

秋田大学教授高橋長蔵氏の調べたところによると、樗陰の中学卒業のときの成績は、十七名中三番であった。いっしょに入学した者は百三十六名であったが、五年間に八分の七は退学したり、転校したりし、上級から落ちて来た者を加えて、十七名となったのである。

樗陰の父以久治は廃藩ののち、仙北郡荒川村長を勤めていたが、樗陰の二高入学とともに退職して、一家をあげて仙台に移り、鉱山監督局に奉職した。

樗陰の二高時代は、英語の学力が抜群であったと伝えられている。彼が大学へ進むとき、英文科をえらんだのも、そのためだったであろう。なお、高山樗牛も二高の出身で、樗陰の青年時代、文壇の輝ける星であった。樗陰という号は、樗牛から取ったものといわれている。

樗陰が大学に入ったのは明治三十六年の九月である。すると、父以久治はまた鉱山監督局を辞職して東京へ移り、飯田町六丁目にある秋田県育英会の舎監となって、樗陰といっしょに住み込んだ。彼が秀才の聞こえ高い息子に、いかに大きな期待をかけたかが察知できよう。以久治は、郷里では漢学者として知られ、同郷の学生を訓育するに適当な人と認められたものらしい。のちに樗陰が本郷西片町に住み、三人の娘を地元の誠之小学校へ通わせるようになると、以久治は父兄会の評議員を依嘱されたというから、やはり教育的な空気にふさわしい人物だったのであろう。

大学入学とともに、樗陰は『中央公論』の「海外新潮」欄を担当するようになり、やがて本職の編集者になったことは、上述したとおりである。なお彼は、はじめ大学の英文科へ入ったのであったが、一年後には法学部の政治学科へ転じた。その正確な理由はわからないが、そのころ英文科で同級だった小山内《おさない》薫の書いているところによると、彼はエックという外人教師のラテン語ができなくて、英文学者としての前途に絶望したからだったということである。

樗陰が少年のころからひそかに恋していた阿部千代子と結婚したのは、明治三十八年六月で、彼が二十四歳のときであった。千代子は秋田で保戸野小町といわれた美人であった。樗陰はまだ学生で、『中央公論』の売行きはようやく上向きになりはじめてはいたものの、まだ出版界の片隅の小雑誌にすぎなかったので、もちろん滝田樗陰はこの雑誌に一生を託する気などなく、大学を卒業するまでの学資かせぎに、ちょっと腰かけているだけのつもりであった。

滝田樗陰は五尺にみたぬ短軀の持ち主だったけれど、体重は十八貫もあり、下腹は相撲取りのように丸く出張っていた。それに頰の真っ赤な、子供っぽい顔をしているので、夏目漱石などは彼を金太郎とよんだ。

明治三十八年のはじめから大正元年の秋まで、足かけ八年間、滝田樗陰とともに編集にたずさわっていた相馬由也の書いた文章によると、彼は木綿の着物に短い袴をはき、角帽をかぶり、書物を包んだ繻子の風呂敷に麻裏草履を持ち添えて歩きまわっていた。

もっとも、真山青果の記憶によると、樗陰の着物はちょっと見には黒木綿の紋付羽織のように見えたけれど、たしか黒の手織紬ではなかったかというのである。樗陰はやや胸高に帯をしめる癖があって、袴ははじめ茶縞の小倉袴であったが、まもなく同じ縞の米沢か何かに変わったようである。彼は袴も羽織もキチンと身に着けるほうだったが、袴の後裾がいつもこころもちずり下がって、胸が開いて、羽織の衿がすこし抜き衣紋になった。誰かが酒席でからかって「按摩さん」とよんだら、彼はひどく気にして、女中の鏡など借りて、しきりに衿つきを眺めてから、プンと上唇の人中《じんちゅう》を歯から離して、

「それほどでもありませんよ」

と、じつに苦く笑った。滝田は人と議論でもして負けると、いつも上唇の人中をプンと膨《ふく》らませて、あきらかに不愉快そうな沈黙に入った。そういうときは上唇がすこし蒼ざめていた。

彼はまた大学の制帽をすこし阿弥陀にかぶり、下駄の踵をズルズル引きずって歩い

た。

青年の苦悩

このころの彼には、なにか大きな煩悶があったようである。樗陰と同町内の飯田町に下宿していた真山青果は、ちょうどそのころ『中央公論』に作品を発表しはじめたばかりで、二人は朝夕往来して酒食をともにしていたが、彼の目に映る樗陰の懊悩ぶりは無残なものであった。

親思いの樗陰は、彼の卒業をたのしみにしている老父に心配をかけるのが、一番の苦痛であったらしく、朝から教科書を懐ろにして、青果の宿にゆくと、一日じゅう蒲団にもぐり込んで、懊悩していた。

樗陰と青果は神楽坂や富士見町の待合でよく酒を飲んだ。樗陰は自分の弱点を人に示したがらぬ性質の男であったから、どうしてこのように悩んでいるかを告げようとしなかったけれど、ともかく酔うと必ず父親のことを口にして、酒乱のようにあばれまわるのであった。そして青果が彼を育英学舎の前まで送り届けると、別れ際に手を握って、

「おやじにはすまない……おやじは聖人だ」といって泣くのであった。別れて町の曲り角までできて振り返ってみると、樗陰はまだ門の柱に取りすがって大声で泣いていることもあった。結局、青果にはそのときの樗陰の苦悩の真相は把握できなかったが、後年『中央公論』編集者として数年間樗陰のもとで活躍した木佐木勝氏の回顧録「樗陰と実彦」によると、樗陰はあるとき、当時の心境をふりかえって、木佐木氏たちに語ったことがあるという。

それによると、樗陰が二十二歳のとき、哲学青年藤村操が有名な「巌頭の感」をのこして華厳の滝に投身自殺をし、青年たちに深刻な衝撃をあたえた。人生不可解の声が彼らのあいだにおこり、解決をもとめてさまよう者が町にあふれた。いわゆる煩悶病の流行である。樗陰もその旋風に巻き込まれ、哲学書をひもといたり、教会に神をもとめたりしたが、ついに解決を得ず、社会主義に接近したが、これも実行運動にまでいたらなかった。真山青果が理解できなかった樗陰の悩みは、おそらく当時の彼を襲った人生的煩悶であったろうというのである。

そのころ樗陰は、その煩悶の解決をもとめて、徳富蘇峰を訪問し、ある援助と慰藉を得てきたことは事実である。数日後に彼は竹越三叉《さんさ》（与三郎）をも訪問した。樗陰はそのときのことを、のちに百枚ほどの小説に書いて、なかの四、五枚をとびとびに青果に見せたが、彼にはついに樗陰の苦悶の内容はわからなかった。

まもなく滝田樗陰は蘇峰の経営する国民新聞社へ入社することになった。そして、大学を退学することに決意したのも、このころのようである。してみると、この前後の彼の悩みは、おそらく彼の将来の方針とか、前途の計画とかいうことと無関係でなかったろうと想像しても、はなはだしくは過たないであろう。ほんの腰かけの内職のつもりでやっていた『中央公論』の編集の仕事に、つい深入りしているうちに学業の方はおろそかになり、将来官吏なり会社員として栄達する見込みはほとんど失われたが、一方、民間の言論人として生きる道も考えられないではないという、宙ぶらりんの状態が、彼の悩みの原因だったのであろう。

『国民新聞』記者として

滝田樗陰がはじめて徳富蘇峰に会ったのは、明治三十七年の春または夏ごろであったと思われる。上述したように、はじめ「海外新潮」の原稿を寄せるだけの用で中央公論社へ出入りしていた樗陰は、近松秋江に名士を訪問かたがた原稿を依頼してみないかとすすめられたとき、まっさきに徳富蘇峰のところへ出かけた。蘇峰は彼の少年時代から崇拝する論客であり、その著作に樗陰はたいてい目を通していたからである。

そのころ論壇の大家である徳富蘇峰に会うことは、あまり売行きのよくない『中央公論』の駆け出し記者にとって、それほど容易なことではなかった。彼は何回か門前払いを食わされたがあきらめず、毎朝早く、蘇峰が出かける前をねらって、明治神宮表参道の前の青山草堂へ通いつめた。

ようやく会えた蘇峰が、初対面から樗陰に好意を見せたことは、彼にとって幸運だった。蘇峰はこの元気のいい大学生が、年に似合わずたくさん書物を読んでいて、あらゆる問題について自分の考えを無遠慮に、臆面もなく述べるのに好意を持ち、打ち解けて話し相手になった。もっとも蘇峰は後年、樗陰を追悼する文章の中で「君の言うことにはさほど感心もしなかったが」と付け加えることを忘れなかった。

そのうち蘇峰は樗陰の乞いをいれて、『中央公論』に寄稿することになった。蘇峰はそれまで自分の経営する『国民新聞』以外へは絶対意見を発表しなかったので、『中央公論』に寄稿するというのは、彼としては画期的なことであった。いかに樗陰が信頼されていたかわかるであろう。もっとも、蘇峰は麻田駒之助と以前から懇意にしていて、他の雑誌とはおのずから異なる親近感をいだいていたことも事実である。

　そのころの寄稿は口述筆記で、寄稿家は自分で筆を取って書くわけではなかった。それだけに、出来ばえには筆記者の能力が物をいうわけであるが、その点樗陰は名筆記者であって、ただ先方のいうことをおとなしく写すだけでなく、往々相手の意見の内容にまで立ち入って、批判を加えたり、発展させたりした。いわば論文は談話者と筆記者との合作のようになるのだが、そのために談話者としては、はじめに考えていたとはちがった方向へ論旨を展開させることができて喜ぶ場合もあったが、また、余計な差し出口をされたと思って怒ることもあった。蘇峰も一度、樗陰にむかって怒ったことがあったが、それで出入りを差し止めるほどでなく、彼に対する信頼は変わらなかった。蘇峰はよく他の者にむかっても樗陰の頭脳明晰なことを称揚していた。なお樗陰は、蘇峰の談話を取るときは、特に気を使って、丹念に先をとがらせた鉛筆を十本も用意、指定された時間の十分以上前に、蘇峰の家のあたりまで行っていて、近所をぶらぶらしながら時間をすごし、定刻ちょうどにベルを押すというふうであったから、特に蘇峰に愛されたのであった。

　そのうち蘇峰の周囲の若者たちのあいだで、彼を中心にして自由に談論する集りがもたれるようになった。顔ぶれは河田嗣郎（のち京大教授）・河上哲太（のち文部省参事官）・石川六郎（のち国民、朝日記者）、それに滝田樗陰で、吉野作造もこれに加わったことがあるといわれている。彼らは毎週水曜に、各自の研究題目をもって蘇峰の家に集まるので、水曜会といわれたが、この会の日は、ふしぎと雨がふることが多かったので、蘇峰の妻は、日が水曜で、会員の姓がみな水に縁のある人ばかりだから、無理もないといった。

そのうち、蘇峰と樗陰とのあいだにどういう話が成り立ったのか、ある日蘇峰が中央公論社へたずねてくると、麻田駒之助にむかって、樗陰を国民新聞社へ記者として迎えたいから諒承を得たいと申し入れた。麻田としては寝耳に水である。この若い記者は強情我慢で、ひとのいうことに耳をかさず、自分の思うことしかやらぬ、機嫌の取りにくい、悍馬のような男だが、腕の立つことも無類で、『中央公論』を凋落から立ち直らせた功労者であるから、そう簡単に手放すわけにゆかない。蘇峰と麻田とのあいだに押し問答が繰り返されたのち、麻田は樗陰の国民新聞入社を認める、しかし当分樗陰には従前どおり『中央公論』の編集者としてはたらいてもらうということに、話合いがついた。蘇峰は彼をそのうち社会部長にするつもりであった。

滝田樗陰が意気揚々として国民新聞社へ乗り込んだのは、明治四十二年の何月何日であったか、正確な日付けはわからない。ただそれが、十月二十六日よりそれほど遠く遡らないある日であったことは明らかである。というのは、彼が入社してまもなく、伊藤博文がハルビンで朝鮮人安重根のために暗殺され、その記事を書くという大任を、彼が引き受けることになったからである。

駆け出し記者の初仕事

伊藤公遭難という歴史的大事件を、誰が、どのように書くかということは、若い新聞記者にとって、無関心に過ごせる問題ではない。入社早々で功名心にはやる樗陰は、すすんでその役を買って出ると、そそくさと旅装をととのえて汽車に乗った。伊藤博文に随行して暗殺の現場を目撃した室田義文が、急ぎ帰国の途についたので、下関から東上する途中を待ち受けて、その談話を取るためである。

翌日夕刻、樗陰は元気よく帰社すると、そのまま机にむかってペンをとった。新聞記者として初陣の節一声である。彼は慎重に書いたり消したりしながら、約四段にまとめた。

しかし、彼がせっかく意気ごんで書いた文章も、社会部長の千葉亀雄からみると、新聞記事として冗長に過ぎた。ことに書出しの十行などは、雪のハルビン駅頭の光景を、主観味の勝った見方で美しく叙したもので、樗陰としては御自慢のものらしかったが、記事としては長すぎる。千葉は思いきって朱筆をとると、片っぱしから消していった。

翌朝出社した滝田樗陰は、自分の苦心の名文が見るも無残に削られているのを見ると、顔色を変えた。そして、書出しの十行は、わけても自信のあるものだといって、朗々と暗誦しだした。千葉亀雄はそれを聞いて、よくもおぼえていたものだと感心した。樗陰はその日その文章をおぼえていたばかりでなく、十年以上たってもおぼえていて、ある日部下の編集者木佐木勝氏の前でも暗誦してみせた。この名文を削られたことは、彼にとって終生の痛恨事だったようである。そのとき新聞に載った樗陰の文章はつぎのとおりであった。

人事真に逆《あらかじ》め睹《み》る可らざる也。伊藤公が二週間前、満洲に向って、大磯を発するに際して、天下何人か今回の遭難を予期するものあらんや。吾人は未だ其の詳報に接せざるも、公が哈爾濱《ハルビン》停車場に著するや、一韓人の為めに狙撃せられ、危篤に陥りたりとの事実は、疑はんと欲するも、疑ふの余地なきを悲まずんばあらず。知らず危篤とは何事ぞ。吾人は一切の悲音が、此の二字に鍾《あつま》るを嘆惜す。

伊藤公が、日本帝国の元老政治家として帝国の廟謨《びょうぼ》に、如何に重きを為せし乎。東洋第一流の政治家として、極東政策に、如何なる力を有したる乎。抑《そもそ》も亦た世界的《か》政治家として、国際政局に、如何なる感化を及ぼしたる乎。将《は》た又《ま》た維新中興以来、郡県の政を敷き、憲法政治を扶植し、極東の一島国をして、世界雄国の一に伍せしむるに至りたる功勲は幾許《いくばく》乎。そは吾人が今茲に大早計に、計上せんと欲する所にあらず。但だ此の遭難の、日本帝国の為めに、一大不幸たると同時に、其の影響の他に及ぶ所のもの、決して少小ならざるの一事に至りては、黙せんと欲する能はざる也。

抑も伊藤公遭難の原因に至りては、吾人未だ精しく知る能はずと雖も、略《ほ》ぼ其の筋書を語るを得ると信ず。公や韓国統監として、一意専心、韓国の平和と、開進とを図れり。而して其の措置の公平、寛大なりしは、恒に日本に対して、寧《むし》ろ深刻なる懐疑者たり、苛察なる批評家たる欧米宣教師其他在韓外人の、均《ひと》しく随喜悦服する所なりき。極言すれば、公は其の施政の公正を目的とするが為めに、日本人の不人望さへも沽《か》ふを辞せざりき。されば公は、韓国側より見るも、実に韓国の恩人と云はざる可らず。然るに一韓人の為めに、不慮の災難に遭ふ。是れ豈《あ》に徳に酬ゆるに、怨を以てするものにあらずや。(以下略)

この文章は、千葉亀雄が思いきり削除したあとのものであるから、もとの文はもっと長たらしいものであったと思わなければならない。

それからまもないある日、滝田樗陰は仕立ておろしの立派な洋服を着こみ、血色のいい顔をにこにこさせながら出社した。彼はそれまで、中央公論社にいるあいだも、和服に袴をはき、角帽をかぶって方々歩きまわっていたが、新聞記者になってからは、和服はまずいといって、蘇峰にねだって新調費を出してもらったものであった。

しかしその翌日から、樗陰は『国民新聞』に姿を現わさなくなった。彼は蘇峰にむかって、自分の会心の文章を削られた憤懣を述べ、あんな馬鹿な部長の下ではたらくわけにはゆかぬと、辞職し去ったものとあとでわかった。彼はふたたび中央公論記者一本に帰ったわけである。

ただ樗陰は、蘇峰に洋服を作ってもらった直後に辞職したことを気にして、

「あれはまずかった」

と晩年までいっていたという。そして彼はふたたび和服で押し通し、以後ついに彼の洋服姿を見た者はなかった。

　滝田樗陰が国民新聞社を退いた理由は、単に千葉社会部長から文章を削られたということだけでなく、社長の徳富蘇峰に失望したからでもあったろうというのが、木佐木勝氏の意見である。すなわち、樗陰は少年時代から蘇峰を崇拝し、その著書を愛読していたが、肝腎の蘇峰は日清戦争前後から国家主義者に変身し、権力と結びつくようになっている。そのことには樗陰も気づかないではなく、水曜会で徳富家に出入りするうちも、蘇峰のために惜しんでいたが、さて彼の経営する国民新聞社の一員となって、身近で彼の日常を観察すると、権力主義者、あるいは実利主義者としての蘇峰の人格的欠陥が、いまさらのように目につき、これではながく辛抱してつきあうことができないだろうと見切りをつけて、退社を決意したのであろうというのである。

白鳥と樗陰

『中央公論』は滝田樗陰が編集するようになってから、急速に発展をつづけた。ことに永井荷風の「祝盃」(明治四十二年五月号)、小栗風葉の「姉の妹」(同六月号)、水野葉舟「旅舎」(明治四十三年二月号)などによってつづけて二、三回発売禁止の厄に遭うと、そのたびごとに読者の数を増加していった。

ところが本願寺内部では、かりにも門主が金を出して発行している雑誌が、風俗壊乱のゆえに発禁処分を受けるということは好ましくないと、非難の声を放つ者もないではなかった。しかし、雑誌の売行きがしだいに増加して、自給自足できるようになると、本願寺の援助を必要としなくなったので、両者の関係はだんだん薄くなり、明治四十二年ころには雑誌はほとんど麻田駒之助のものとなった。もっとも麻田駒之助個人は、先祖代々本願寺の恩顧を受けた関係もあり、終生本願寺に出入りして、顧問として宗務の枢機に参画していた。

『中央公論』発展の最大の原因は、滝田樗陰が麻田駒之助の反対を押し切って、文芸欄を拡張したことにあったが、それは樗陰が骨の髄まで文学青年だったからであった。彼がまだ『中央公論』の「海外新潮」欄の寄稿家にすぎず、正式の編集者として採用されていなかったころ、彼は「読売新聞」の日曜付録の文学欄へも小説月評を寄せていた。そのころ『読売』の日曜付録は正宗白鳥が編集していたが、樗陰の原稿は白鳥の気にいらなかった。しかし、この原稿は主筆の竹越三叉から天下り式に押しつけられるので、白鳥ははなはだ不愉快に思いながら、ことわり切れなかった。やがて半年くらいで、竹越は『読売新聞』を去り、樗陰の原稿も天下ってこなくなった。白鳥はセイセイした。そういう白鳥の気持を知ってか知らないでか、樗陰はのちに『中央公論』の編集責任者になると、白鳥になみなみならぬ好意を示し、たえず彼に発表の場所を提供した。白鳥はその「滝田君と私」のなかでつぎのように書いている。

「私が滝田君と二十年来の原稿関係を続けた端緒は、二度目に中央公論に寄稿した『五月幟』によって開かれたのであった（著者注――一度目は明治四十年八月号の「久さん」であった）。熱烈なる文学愛好者であった氏は、私の面前で推賞するのみならず、諸方へ行ってその傑作たる所以を宣伝した。そして文壇諸氏の批評をも私の所へ報告しに来た。他の雑誌なら、新進作家のを、たとへ世評がよかったにしろ、続けて出すことを躊躇するのであるが、滝田君は、直ぐ翌月のにも書けと強ひた。原稿料も直ぐに二十銭増して呉れた。今でこそ何でもない金だが、その頃は一枚二三十銭の差違は、作家の心に重く響いてゐたのであった。

その後二十年間、私は四季の附録号には殆んど絶えず寄稿を続けた。五六回脱けてゐるに留まるであらうと思はれる。一つは私が約束を厳守するためでもあらうが、滝田君でない人が編輯してゐたなら、かういふことは決してなかった筈だ。私が傑作を書いてゐた訳でもなければ、世評が何時も私に甘かった訳でもなかった。しかし滝田君は私の原稿に対して、一度もいやな顔をしたことがなかった。以前は悪評に対しても、私自身よりも滝田君の方が憤慨することがあった」

滝田樗陰がいったん惚れこんだ作家に対する熱中ぶりは独特のもので、彼は原稿を受け取ると、すぐその本人の前で読み、気にいった個所があると、声を張り上げて朗誦してみせて、感激したという。自作の他に対する影響力に敏感で、賞められることを何より喜ぶ文学者気質をたくみにつかんだやり方ということができよう。

漱石を捉える

滝田樗陰の第一の功績は、夏目漱石を捉え得たことであった。漱石は、樗陰が東京帝国大学へ入学早々の英文科の講師であり、二高時代の教師畔柳都太郎の友人でもあったから、特に樗陰にとっては近づきやすかったのであろうが、彼は漱石に食いついて離れず、「二百十日」のような名作をつぎつぎに書かせて、『中央公論』を当時の文芸雑誌の首位に昇格させた。

滝田樗陰と夏目漱石との関係は、木佐木勝氏の「樗陰と実彦」によると、およそつぎのようであった。

樗陰が漱石門に頻繁に出入りするようになったのは、漱石が千駄木町の家から本郷西片町に居を移した明治三十九年十二月以後である。

千駄木町時代に『吾輩ハ猫デアル』を発表して一躍文名があがっていた漱石は、西片町へ移ってからは訪問客に煩わされるようになり、木曜日を面会日と定めたが、この日集まる定連のなかに樗陰の姿はいつも欠かさず見られるようになった。樗陰は一時蘇峰邸の水曜会にも出席していたが、このころはもう、水曜会もなくなっていて、こんどは樗陰は漱石山房の木曜会のメンバーの一人になっていた。当時のメンバーは樗陰のほかに、鈴木三重吉・野上豊一郎・森田草平・小宮豊隆・寺田寅彦・松根東洋城・坂本四方太などで、いずれも特色のある個性の持主である。これらの漱石門の俊英のなかに立ち交って、樗陰ははやくも独特の個性と才能を持つ特異な存在としてあらわれていた。

樗陰が蘇峰の青山草堂の水曜会から漱石山房の木曜会のメンバーとなった時代は、

『中央公論』の翻訳記事担当のアルバイトから正式の記者となり、大学のほうも文科から法科へ移籍していた。しかし、樗陰は法科の学生時代にも、正宗白鳥の編集していた『読売新聞』に文芸評論を書いていたし、文士との交遊もあり、つねに文学への関心は絶えなかった。

西片町時代の木曜会の定連のうちで、森田草平・鈴木三重吉・野上豊一郎・小宮豊隆らは樗陰とは年齢も近く、みな元気いっぱいの若手の論客だった。漱石を中心に文学論に花が咲いたときなど、樗陰の談論風発ぶりは一座の異彩だった。樗陰はいつも自説を主張するときは、生来の早口がせきを切ったようになり、そのうえ東北なまりが出るので、相手に聞きとれないことがよくあった。しかし樗陰はそんなことにはおかまいなしに、滔々と弁じまくり、顔面を紅潮させながら相手を圧伏しないではやまない気魄を示した。樗陰のこの癖は蘇峰の水曜会時代からのもので、たまたま会員以外の飛び入りで、樗陰の先輩格にあたる者が、先輩を笠に着て樗陰をやり込めようとしたときなど、樗陰はただ『そうかなあ』といって、微笑を浮かべながら、唇をかすかに震わせるだけで、あくまで自説を固守して譲らないかたくなな態度を見せた。樗陰の勝ち気と負けじ魂はそのころから有名だった。

樗陰にとって、蘇峰の『水曜会』も漱石の『木曜会』もいわば他流試合の道場だった。蘇峰が主宰した『水曜会』は、政治・経済・社会の問題について会員が自由討議する研究会だったが、『木曜会』は漱石を中心とする閑談の集りで、この集りの開放的な雰囲気のなかで、文学と芸術の問題が語られ、それらの問題をめぐって議論に花が咲いた。（中略）晩年の樗陰の文人墨客趣味も、樗陰が漱石山房に出入りしている間に身につけた漱石の感化にほかならない。

これより先、漱石は明治三十八年一月から八月まで『ホトトギス』に『猫』を連載していたが、樗陰は『猫』を二、三回読んだあとで、千駄木町の漱石の家を訪ね、『中央公論』に創作の執筆を依頼した。漱石は親交のある虚子の『ホトトギス』以外には書かないつもりだったが、樗陰の熱心な勧めと独特の押しとねばりに負けて、その年の九月号に『一夜』を発表し、次いで矢継早の樗陰の襲撃を受けて、同じ年の十一月号に『薤露行《かいろこう》』を書かされた。この一作は『中央公論』の声価を高め、漱石の名声をいっそう高めた。『薤露行』の反響を見て、樗陰はさらに息もつがせずに、漱石につぎの作品を書かせようとした。これは樗陰独特の作家攻略戦法だった。

逆鱗に触れる

「漱石は樗陰の息もつがせぬ速攻戦術に辟易して、『できたら知らせるから、それまでは家へ来ないように』と樗陰にきつく申し渡した。ふだん機嫌の好いときは愛弟子の樗陰のいうことは何でも聞いてくれる漱石だったが、このときは漱石の有名なノイローゼが昂進状態にあったせいか、樗陰を見ると頭から爆発してしまった。さすがの樗陰も師の逆鱗に触れては為すところもなく引きさがらざるをえなかった。後年樗陰は当時のことを回想して、『仕方がないから手紙で催促するよりほかはなかった』と言っていたが、当時は樗陰得意の足で物を言わせる——後年にはお抱え俥に物を言わせた——速攻戦術を封じられてしまっては、文字どおり手も足も出ない始末になりそうだった」

引用が長くなるので、適当に要約していえば、樗陰は漱石に訪問を禁ぜられると、たびたび手紙を出して催促したが、あまり効果がなかったので、とうとう意を決すると、禁令を犯してふたたび漱石をたずね、誠意を面に現わして、執筆を懇願した。漱石は彼のむき出しの野性のなかに流露する天真爛漫な無邪気さにうごかされて、近いうちに必ず書こうと約束した。

それから半年ばかりして書いたのが「二百十日」で『中央公論』の明治三十九年十月号に載せられた。

しかし、漱石がこの作を書くまでに、樗陰とのあいだにちょっとした波瀾があったことも、書き添えておかねばなるまい。上述したように、滝田樗陰は誰の前でも感激を率直にあらわす性質があって、自分が傾倒している作家が傑作を書いたときは、うれしさを押えかねて、目の前で激賞してみせるのがつねであったが、彼は漱石の前でも遠慮なくこの癖を発揮した。しかしそれは漱石の趣味に合わなかったとみえて、漱石は彼が激賞するたびに、顔を逆なでされたかのように、苦い顔をした。すべて田舎者らしい押しつけがましさをきらい、偽善をきらい、わざわざ露悪という言葉を発明したほどの漱石にとって、樗陰のむき出しの感激性が、ときには堪えがたく思われたであろうことも想像できなくもない。

樗陰は漱石から執筆の確約を取ると、さっそく『中央公論』の九月号につぎのような予告文を書いた。

夏目漱石先生の小説は大凡そ四五十頁位の見当にて書かるゝ積りに候。夢幻的なるか、写実的なるか、世話物的なるか、時代物的なるか、快闊なる作か、陰鬱なる作か、滑稽なる作か、悲哀なる作か、或は悉く此等の要素を包含したるものか、先生自身と雖も出来上って見ねば分らぬと申し居られ候。然し読者諸君安心して可なり。こゝに一事の確かなること有之候。先生の霊感《インスピレーション》の動く処、何処《いずく》に筆を染めらるゝも必らず先人未想到底の詩境に於て大傑作を得らるべきことに候。こは先生の従来の作物を通読したるもの丶何人も認めざるを得ざる処に候。次号に公にせらるべき作物も其取材の何たるに拘らず、必らず我文壇の驚嘆《ワンダース》を羸《か》ち得べく候。少くとも記者は斯く信じて疑はず候。

この予告を見た漱石は、高浜虚子にあてて手紙を書いた。

——今日中央公論の末尾に、小生等の作を読者に吹聴する所を観て、急に中央公論へかくのがいやになり候。何ぼほめられるのがいいと申して、ああ云はれて一生懸命に十月号に書いてやらうと云ふ気にはなれなく候が如何。今度滝田に逢ったらあまり広告が商売的だと申してやらうと存候。

漱石が虚子にこの手紙を書いたすぐあとで、樗陰は催促のため漱石山房を訪れた。すると漱石は書きかけの原稿用紙を机の上にひろげたまま、不機嫌に黙りこくっている。

樗陰ははじめ、漱石がなぜ機嫌をわるくしているのかわからなかったが、自分の書いた予告の文章のせいだと知って、意外な気がした。樗陰の考えでは、これは彼の信念にしたがって、思うままに、率直に書いたものであって、けっして誇張したのでもなければ、宣伝的な意味で筆を曲げたものでもなかった。したがって彼は、漱石に感謝されることはあっても、怒られるはずはないと思っていたのである。

木佐木氏のいうところによると、樗陰は大家になった晩年でも、新聞に出す『中央公論』の広告はいつも自分で書いたものだという。彼は雑誌が校了になると、自宅に閉じこもって、博報堂の広告用紙をいっぱいにひろげて、こまかい桝目に毛筆の細字でギッシリ書き込んだ。樗陰はそれを書くのに、普通号なら二日、特別号なら三日を要した。すなわち、一日は印刷所から取り寄せた校了ゲラを読みなおすのに費やし、あと一日、あるいは二日のあいだ文案を練り、書き出せば一気に筆をすすめた。彼はこの作業に、作家が原稿用紙に対すると同様の苦心と良心をそそいでいたようである。したがって、広告文は彼の信念の凝って成ったもので、単なる商業主義的な舞文曲筆と混同されては立つ瀬がないのであった。彼は漱石にむかって大いに陳弁と謝罪につとめたのち、ようやく機嫌をなおしてもらって、つづけて執筆する約束を得た。

しかし、結局のところ樗陰には、漱石がなぜ機嫌をわるくしたのかわからなかったようである。天下の名編集者のこの俗悪文章に、まるでチンドン屋のようにはやしたてられて、思わず顔をそむけたくなった漱石の繊細な神経は、ついに彼の理解しうる範囲の外にあったといわねばならないだろう。

しかし、ともかく漱石は書いた。

九月十日、漱石は樗陰にむかってつぎのような手紙を出している。

拝啓先日来御約束の小説どうにかかうにかかき上げ候。まことに杜撰の作にて御恥づかしき限なれど誤って違約をしては大変な御迷惑になる事といい加減にかき了り申候。四五十枚との御約束の処たうとう六十五枚程になり候。是も御ゆるし被下度候。御序の節はいつにても御渡し可申候。

そしてそのあくる日、漱石は虚子にもつぎのように書いている。

――今度の中央公論に二百十日と申す珍物をかきました。よみ直して見たら一向つまらない。二度よみ直したら随分面白かった。

こうして「二百十日」は、島崎藤村の「家畜」、国木田独歩の「入郷記」とともに十月の秋季大付録号に載せられ、世間の視聴をあつめた。

二葉亭と風葉

樗陰は二葉亭四迷にも食い込んでいた。その他、当時一流の学者・文人で、これぞという人物は、いずれも彼の触手に捉えられた。もっとも彼は、あらゆる名編集者といわれる人たちと同じく、必ずしも雑誌に執筆させようという功利的な動機でのみ文学者に接近したのではなかった。彼はまず人に惚れ込んでしまうのである。彼はある人に惚れ込んだとなると、利害得失を忘れて、その人に接近し、ただ奉仕することだけを喜びとするのであった。原稿獲得はその副産物にすぎなかった。すくなくも彼は、自分自身そう信じ、相手にもそう信じさせた。

樗陰が惚れ込んだのは、学者・文人にかぎらなかった。彼は役者に惚れ、力士に惚れ、娘義太夫に惚れた。惚れたとなると、彼は徹底的に惚れた。彼は学生時代、娘義太夫の竹本素行を崇拝し、その弟子となったが、後年に及んで彼は秋田訛りの「太閤記」を是が非でも高山覚威に教え込もうとして、高山を大いに閉口させた。

樗陰は感情家で、人の好き嫌いがはっきりしていたので、ときどき癇癪玉を爆発させることがあったが、相手によってはずいぶん気をつかって、辛抱強くつきあうこともあった。小栗風葉の全盛時代、彼はしきりにその門に出入りして、小説を取っていたが、風葉は遅筆家で、編集者泣かせの難物であった。彼は約束の日に書き上げることはめったになく、いつもギリギリの最後までかかって、編集者をハラハラさせた。

ある月など、樗陰は足が棒になるほど風葉の家へ通いつめたが、これ以上待てないという日になって、風葉は突然姿をくらましてしまった。後年の彼は、こういうとき堪忍袋の緒を切って、憎まれ口をありたけならべた手紙を書き、以後絶交ということが多かったが、このころの彼は、なかなか怒らない男であった。彼は血眼になって、風葉のいそうなところを軒並みに探し歩き、とうとうその隠れ家を突きとめた。風葉は、真山青果・岡本霊華の二人といっしょに待合で酒を飲んでいたのである。

樗陰は風葉をつかまえても、すぐに原稿の催促をするわけではなかった。彼はそのまま一座に加わると、その晩は三人と飲み、その家に泊まってしまった。

翌朝、彼は麻田駒之助の家へ電話をかけると、遊興費をすぐとどけてくれるようにと依頼した。謹厳な麻田は顔をしかめたが、風葉の原稿があるとないとでは雑誌の重みがガラリとちがってくる。彼はムシャクシャする胸を押えて、樗陰のところへ必要な金をとどけた。

あくる朝、樗陰は風葉の原稿を懐ろにして、意気揚々と現われた。彼は風葉が、いったんは執筆を投げ出して姿をくらましたものの、内心はまだ未練があって、書ければ書いてしまいたいと思っていること、いまは酔っていても、つぎの朝目がさめてから、一日たっぷりかければ、たぶん書き上げられるであろうことまで、ちゃんと読み取っていたのである。こういう駆引きのうまさ、相手の心理を見抜くうまさでは、彼に及ぶ者はなかった。

実際のところ、滝田樗陰が編集するようになってから、『中央公論』はガラリと変わった。何より大きな変化は、麻田駒之助社長の大きらいな文芸記事と創作が多くの紙幅を取るようになったことである。

自然主義興る

樗陰が編集するようになった時期は、たまたま文壇に自然主義が勃興する時期とぶつかった。独歩・秋声・花袋・藤村らが新鮮な作品を発表しはじめ、つづいて真山青果・正宗白鳥・岩野泡鳴・水野葉舟らが活躍しはじめるころである。樗陰はこれらの人たちの作品を取り上げ、大いに激励して、つぎつぎといい作品を書かせた。

田山花袋はそのころの樗陰について、つぎのように書いている。

「明治三十九年頃から起ったあの新らしい運動に対しては、君はなくてはならぬ人だった。尠くとも君はその運動を大きくするために熱心に働いた。惜しげもなくその編輯してゐた『中央公論』をさうした新らしい作家の舞台に提供した。それは『中央公論』もそのため大きくなったとは言へやうが、実際はそれ以上だった。滝田君でなくては、とてもあれだけのことは出来さうにも思へなかった。

私などもいろいろな意味で、滝田君のために刺戟された。躊躇逡巡してゐる時ではないといふ風に引張られた。後にはそのあまりに強い慫慂《しょうよう》に、また理が非でもその思ふやうに引張り出して行かうとする一本気な意志に、いくらか困ったこともないではないけれども、概してさっぱりした、気持の好いやり方だった。わる気などは少しもなかった」

実際のところ、樗陰は花袋のいうように「その運動を大きくするために熱心に働いた」といえるものかどうか、問題である。樗陰は自然主義の評論や作品も載せたけれど、反自然主義の文章にも十分の紙幅をさいている。第一、彼自身の文学観なり文学趣味なりも、自然主義のものでなく、むしろそれ以前のものだったことは、先の新聞の文章の調子からも知られるし、生方《うぶかた》敏郎が樗陰にはじめて会ったときの思い出を記したつぎの文章からもうかがうことができよう。

「……滝田君は私に向ひ『今の作家で誰が一番好きです』などと訊いた。私が『島崎さんの「春」と田山さんの「生」が最近に読んだ中では面白かった』と語ると、滝田君は小栗風葉の小説がよいとて荐《しき》りに風葉を読めと私にすすめた。そしてその月の中央公論に載った風葉の小説の文章を激賞し、可也《かなり》長い文句——一頁に余る位——を私に暗誦して聞かせ、今日もこれから風葉氏の原稿を取りに行く道だ、と語った。

私は此時滝田君は『美文の好きな人だな』と思った。又同時に、『あんなに自分の文章を暗誦してまでくれる編輯者に会ったら、作家も感激して筆を執るだらう。単にそれが原稿を取るポリシーと考へてさへも悪い気持はすまい。之が編輯者のコツかな』などと私は考へた」

自然主義の風潮をくぐり抜けた後の文壇では「美文」という言葉は、時代おくれ、自然主義以前ということを意味していたから、生方敏郎はこの文章のなかで、樗陰に対する一種の批評を下したことになるわけである。

美文とは、本来うつくしい文章というだけの意味であろうが、明治の中ごろから終りへかけては、特定の文学的流派の作品を指す言葉であった。すなわち、大和田建樹・大町桂月・塩井雨江・武島羽衣らの国文学者が発表する文章で、王朝趣味の雅語を用いて、流麗な調子で詩的な情緒を述べるものであった。一例をあげれば、次のようなものである。

「暮れゆくまゝに月清し。そぞろあるきしつゝさまよひいでたるは、関口のわたりなり。逆巻き落つる水と共に砕け散る光、渦まき流るゝ波と共に走りくるふかげ。谷川めきたる心地もするかな。あたり静かにて人もなく、賤が屋の火影のみ細く見ゆるに、月はます〳〵高く昇りて、岸の木の葉ごとに霜を降らし、黄金を鏤ばむ」（大和田建樹『藻塩木』）

こういう文章はたしかに快いリズムを帯びていて、朗読に適しているので、一般の読者に喜ばれた。高山樗牛の一世を風靡した、

「やがて来む寿永の秋の哀れ、治承の春の楽みに知る由もなく、六歳《とせ》の後に昔の夢を辿りて、直衣《なおし》の袖を絞りし人々には、今宵の歓会も中々に忘られぬ思寝の涙なるべし」

にはじまる『滝口入道』もこの手のものであるし、日本じゅうの青年読者を恍惚とさせた『清見寺の鐘声』もこの系統のものである。

「鐘の音は、またいく度か響きわたりぬ。わが思ひ、いよいよ深うなりきつ。

夜はいたく更けぬ。山と水と、寂寞《じゃくまく》として、地に横たはり、星と月と、寂寞として、天にかゝれり。うるはしのきはみかな。願はくは、月よ、傾かざれ。星よ、沈まざれ。かくてさて、永久の夜の、この世の声色をつゝめよかし。あゝされど、われには願ふべきことはなきを。

最後の鐘声は起りぬ。余音、遠くわたりて、到るところに、味歎のひゞきをとゞめ

ぬ。うれしの鐘の音や、人間の言の葉に上《のぼ》りがたき、わがいくその思ひ。この鐘ならで、誰か、言ひとかむ」

そして、樗牛の二高の後輩で、彼を敬慕するあまり、その号の一字を頂戴して自分の号とするほどだった樗陰が熱愛したのも、この手の文章であった。

しかし、こういう修飾の多い、技巧的な文章を古くさいと見る一派があった。たとえば正岡子規である。

「或る景色又は人事を見て面白しと思ひし時に、そを文章に直して読者をして己《おのれ》と同様に面白く感ぜしめんとするには、言葉を飾るべからず、誇張を加ふべからず、只ありのまま見たるままに其事物を模写するを可とす」(「叙事文」)

これが有名な子規の写生文の提唱であって、福田清人氏の説によると、子規はこのヒントを、画家の中村不折の洋画の写生論から得たものだという。

この写生論は、さらに新しい小説家によって受け継がれた。西洋の新しい文学の影響を受けて、人間の心理や行動をこまかに観察し、分析しようとする小説家にとっては、従来の修飾の多い、美辞麗句で満たされた美文系統の文章では、何事も表現することができないのである。真実をとらえるには、既成の概念も、既成の文体も捨てて、無私の態度で対象を見つめねばならない、ここに従来の「美文」の否定がはじまり、無技巧・無修飾の文章が、真実を伝えるものだという通念が確立した。たとえば、正宗白鳥は次のようにいっている。

「私の信奉する『小説作法』の第一ページには、『いゝ小説を書くには、美学修辞学あるひは小説作法に拘泥する勿れ、自己を凝視せよ人生にはよく目を注げよ』と書いてある如く、私の信奉してゐる『戯曲学』の第一ページには『戯曲に於てすぐれた作家たらんには、まづ戯曲学など称するものを抛棄せよ』と書いてあるのである。歌学者と歌人とは昔から違ってゐるのである」（「感想断片」）

こうして、だいたい日露戦争前後を境にして、日本の文学者の文体に対する考え方は大きく変化して、いわゆる「美文」を愛するのは古くさいと見られ、文章に抑揚をつけて朗々と読み上げる習慣もなくなりつつあったのである。そのようなときに、樗陰が生方敏郎にむかって小栗風葉を読めと勧め、長い文句を暗誦して聞かせたのだから、生方にしてみれば、この新進編集者が、思いのほか古風なセンスの持ち主なのに驚いたにちがいない。事実、樗陰は風葉を激賞したというけれど、文壇にはすでに、花袋・藤村などの新しい勢力が台頭していて、風葉などはすでに時代おくれと見られるようになっているのであった。

このようにして、樗陰個人の文学趣味はそれほど新しいものではなかったから、かならずしも田山花袋のいうように、自然主義の運動を育て、大きくするためにのみ努力したわけではなかったのである。

事実、彼は自然主義的評論や作品と、反自然主義的なそれとの、どちらにもかたよらずに採り上げたと見るべきで、いま自然主義の最も盛んだった明治四十年代の『中央公論』の目次を一瞥すると、次のような評論が目につく。

佐々醒雪「文芸に顕はれたる獣慾」(明四〇・一一―一二)
金子筑水「時勢の推移」(明四一・一)
片山孤村「パウルゼン教授と自然主義」(明四一・二)
戸川秋骨「必要なる性慾文学」(明四一・三)
中島徳蔵「『自然主義』の理論的根拠」(明四一・四)
松本文三郎「『自然』の意義に就いて」(明四一・五)
田中喜一(王堂)「芸術の真」(明四一・六)
〃　「岩野泡鳴氏の人生観及び芸術観を論ず」(明四二・九)

なお創作欄では、真山青果・正宗白鳥・徳田秋声・島崎藤村らの自然派にたびたび登場の機会をあたえているが、また森鷗外・永井荷風・小山内薫・鈴木三重吉・森田草平・谷崎潤一郎・志賀直哉らも無視されておらず、『中央公論』はけっして自然主義によって独占されたのではなかったのである。

二つの潮流を取り上げる

ところで、滝田樗陰個人の文学観ないし文学趣味がどのようであったにしろ、彼が自然主義を、その反対側からの批判をも含めて、積極的に取り上げたことが、自然主義運動を大きく盛り上がらせる力になったことは事実であって、その意味では彼は、田山花袋はじめ自然主義の作家たちに感謝されるに値したということができよう。事実、雑誌の編集者はかならずしも、自分の取り上げた論文なり作品なりと同意見、あるいは同じ立場に立っている必要はないし、個人としては反対の議論や、よく理解できない作品を載せて、好評を博するという場合もあるのであって、樗陰の美文趣味は、彼個人の文学観の限界を物語るものではあっても、彼の編集者としての能力の限界を物語るものではないということは、承知しておく必要があろう。

なお滝田樗陰が片方の意見だけでなく、反対側の意見も載せる傾向があったことについて、田山花袋はつぎのようにいっている。

「それは人に由っては、そのあまりにも我武者羅なのは辟易したであらう。もう少し静かにしてゐたらよささうなものだなどと思ったものもあったらう。しかし所謂自分のことばかりを言って、此方のことを丸で耳に入れない人ではなかった。その先方のことにもかなり深く入って行ってゐた。同情深いところもないではなかった。相撲が好きであったのなぞも、さういふ活躍的な心持から来たらしかった。それに、その相撲から得た機微な心持が、絶えずその『中央公論』の編輯に影響してゐるやうに私には思はれた。『何うも、君、あまりに作者に相撲を取らせすぎるぢゃないか。『中央公論』に載せて貰ふのは有難いけども、あそこがイヤだよ。何うかならないもんかね』ある時から私が言ふと『でも、ああしなければ何うしたって駄目ですよ』つまり君はそれでなければ世間を動かすことができず、また更に進んで、作者に一生懸命にならせることが出来ないのをよく知ってゐたのであった。だから『中央公論』は、一生懸命にやったやうな作者を一番歓迎した。否、作者に一生懸命にならせることに骨を折った。雑誌の編輯者としては、滝田君に若《し》くものはあるまいと私は思ってゐる」

これで見ると樗陰は、編集者というものは、自分自身土俵に上がって、力戦敢闘する力士でなく、名力士を取り組ませて観客を熱狂させる番付作成者、あるいは行司に近いという、ジャーナリズムの常則を、自覚してかしないでか、ちゃんと心得ていた男ということになるようである。

こうして『中央公論』は、だんだん雑誌界における大きな存在にまで成長していった。その創刊のはじめ、『国民之友』を一敵国と見、これに追いつき追い越すことを目標としていたこの雑誌は、明治三十二年、『国民之友』廃刊ののちは、新しく雑誌界の王者となった『太陽』を目標とし、やがてこれを追い越すようになった。

人力車での訪問

『中央公論』の声価が上がるにつれて、その文芸欄は作家にとって檜舞台となり、そこに作品を発表する回数が、その作家の文壇における地位を決定することになった。ことに、若い作家にとって、『中央公論』に書くということは大きな意味をもっていた。そこに一度作品を載せたということは、文壇に新人として登録されたことを意味し、その後凡作をつづけて書かないかぎり、作家としての将来が約束されたも同様であった。

そのころ滝田樗陰は原稿依頼に作家を訪問するとき、人力車に乗って出かけた。彼は朝出社するとき、すでに後に空車をひいた車夫を従えており、麻田社長とまるで喧嘩でもするような調子で、元気よく仕事の打合せをしているかと思うと、ピタリとしゃべり止んで、もう車に乗っていた。彼ははじめのうち、車を外から雇っていたが、後には自家用を一台買い、定紋をつけて走らせていた。

滝田樗陰の人力車は文壇の名物になった。無名作家にとって、樗陰の人力車が門にとまることは幸運の訪れたしるしであり、既成作家にとっても、自分の存在が忘れられていないことの確証であった。

樗陰の編集者としてのえらさは、好き嫌いがはっきりしていて、自分の取り上げた作家はどこまでも面倒を見る点にあった。相手が傑作を書けば、口をきわめて賞讃し、その目の前で、気にいった個所を朗読して、感激させた。新人の作品が批評家にケナされると、意地になって激励し、つぎつぎに作品を書かせて、立ち直らせた。

樗陰が取り上げた多くの作家のうち、もっとも大きく成長したのは谷崎潤一郎であろう。

樗陰が谷崎をはじめて訪問したのは、明治四十四年の秋であった。谷崎はそのころ神田南神保町の両親の家に住んでいたが、前年に発表した「象」「刺青」「麒麟」等の諸作が文壇で注目され、新進作家として有望視されているところへ、この年の十月の『三田文学』に発表した「飈風《ひょうふう》」が異色のある作品だったので、樗陰が『中央公論』への執筆を依頼にいったのであった。

そのとき谷崎が書いたのは十一月号の「秘密」で、引き続き彼は翌年の二月号に「悪魔」を書いたが、そのまま友人の長田幹彦といっしょに京都へあそびにゆき、樗陰の矢継ぎばやな原稿催促にもかかわらず、なかなか執筆しようとしなかったので、二人はしばらく絶交状態になった。後にも記すとおり、樗陰を怒らせるもっとも手っ取り早い方法は、彼の待ちこがれている原稿をなかなか書き上げないことであった。

しかし、一年くらいのうちに樗陰の怒りはとけ、長田幹彦か誰かを介して、ふたたび執筆をたのんだ。そのとき谷崎が書いたのが、大正二年新年号の「続悪魔」である。

そのころの滝田樗陰は元気いっぱいで、谷崎の泊まっている築地の下宿屋につきっきりで、谷崎が鉛筆でどんどん書き飛ばすのを、そばから受け取って清書した。谷崎はもともと遅筆で、一日に四、五枚がせいぜいだったが、このときは樗陰の熱心に押

された筆が進み、最後は夕方から夜までに一気に二十枚ちかくも書いたので、樗陰は、

「あなたがこんな勢いで毎日書いたら、倉が建ちますすね」

と笑った。

その後、樗陰は始終谷崎に原稿を頼みにいったが、彼の催促のしかたは非常に巧妙で、別にくどくどしゃべるわけでもなく、門口に例の人力車を待たせたまま、

「御免」

といって玄関に現われ、土間に立ったまま、いそがしそうに二言三言いうだけで、五分か十分で帰るのだが、それが一種の気合をおびていて、確実なききめがあった。谷崎はいやだと思うことがあっても、樗陰の赤ら顔の、はち切れそうな様子を見ると、どうしてもことわり切れず、

「僕は君の顔を見ると、まるで試験が来たような気がするよ」

といったことがあった（「滝田君の思い出」による）。

大正五年、「貧しき人々の群」によって、はじめて滝田樗陰に拾い上げられた宮本百合子（当時、中条百合子）は、そのころの樗陰の印象を、つぎのように書いている。

「留守かと思ったら、幸ひ社に居られた。小さい木造洋館の石段から入った直ぐのと

ころに在る応接室で待ってゐると、程なく二階から狭い階子を降りて一人の男の人が出て来た。体ぢゅうの線が丸く、頬っぺたがまるで赧い。着流しであった。紺足袋に草履ばきで近づき、少し改った表情で挨拶された。

『私が滝田です』

言葉の響きの中に、つよい北方の訛が、あった。その訛が、顔や体に現れる微細な動き、調子とひどく調和して居、一種性格的なものを感じさせる。――私は、この特徴に富んだ人をどう理解してよいか分らなかった。赧い赧い頬、それと極めて鮮やかな対照をなしつつぼや〱っと情熱的にほやついて居る漆黒な髪、特色ある早口、時々私を視る眼光の鋭さ、生活力の横溢が到る所に感じられた。同時に、単純でない何ものか――謂はば狷介といふやうなものをも一面感じられる。――（中略）

初対面の時の、この一口で云へない滝田氏の印象は、今も猶そのままに遺って居る。然し、氏がどんなに中央公論を愛して居るか、ジャーナリストとしての仕事を愛して居るか、其ばかりは当時の私にでもはっきりと分った。氏が雑誌につき、計画につい て話す調子には、いつも見えざる焔があった。知らず識らずの間にその熱が聴手にも移った。滝田氏は滝田氏で、雑誌について喋って居るのだが、聞いてゐるうちに聴手は聴手で、又、聴手自身の仕事に、一種の張合や熱中を感じて来る——其那傾向があるのであった。論文でも、文学的作品でも、よいのが集まると、氏は、実に悦んでそのことを話した。滝田氏のそのよろこびは、単に、雑誌の編輯者といふ立場からばかりでは決してなかった。氏自身、芸術鑑賞上一見識を持って居、芸術愛好者としての純粋な亢奮が伴ふのであったらしい。氏がジァーナリストとして他と違って居た大きな点は此処にもあった。よい芸術品を得たい熱情が、編輯者としての利害と結びついた形であった」

作家への態度

室生犀星は樗陰について、つぎのように書いている。

「今日私が一人前の小説家として立ってゐるのは、元より自分の力でなければならぬ、しかし私を見つけ作を鞭撻したものは滝田哲太郎氏である。或意味で私を砂利の内に見つけた人であるかも知れぬ。滝田氏無ければ私は貧しい陋屋の一詩人としていまも破垣を結んでゐたかも知れない。人は生長してしまへばどうとも云へるものであるが私は一抹の憂鬱なしにはその生長を考へることが出来ない——しかも今は亡き赭顔大軀の滝田氏が私の今日に結びつけられるのが、私に取っては重大なことでなければならぬ。

大正八年七月の何日かに初めて滝田氏は田端に居る私を訪ねた。そしてその一と月ほど前に投じた小説『幼年時代』を中央公論の八月に頂戴することにしたから、若し他に作があるならば次次へと掲せるから見せてくれるやうにとのことであった。それが一角《ひとかど》の作家に対するやうに慇懃《いんぎん》で礼節に厚い挨拶であった。自分は何に分よろしくといふより外には言葉がなかった。それからあと作を求められるままに今日に至ったのである。そして妙なことは何時でも滝田氏に会ふごとに最初に会った時の昂奮に似たものを感じ、それが永い間つづいたのは、我ながら不思議に思ってゐる。つまり私にとっては只ならぬ圧迫をしかも私は好意をもって感じてゐたのである。原稿以外の用件であふことは尠しもなかったが、二三度酒の座を同じうしたことがあった。いつでも年少の私には君と言はずにあなたと言って室生君とは言はずに室生さんと言って居られ、蔭で他の作家のことも何々さんと言ってゐたことは、何か美しいことでなければならぬと思ってゐる。仲々ああは言へないものである」（「悼望嶽楼主人」）

しかし、滝田樗陰はいつでも、誰に対しても、慇懃で鄭重だったというわけではない。ときには癇癪をおこし、喧嘩をすることもあった。

小山内薫の小説

小山内薫は滝田樗陰と大学の英文科で同級で『中央公論』で呼び物の春秋二季の特大号の創作欄の常連であったが、大正七年九月号の小説欄に「高師直」を書くとき、ひどく執筆がおくれて、一日に五枚か七枚くらいしかできず、締切りまでに全部書き終えられなかった。それで、『中央公論』には、前半だけ載せ、後半はつぎの号にまわすことにしたが、樗陰はこの作を、はじめから書きなぐりだといって、いやがっていた。幾日かたって、後編ができてきたが、その出来ばえは樗陰を満足させることができなかった。彼は後編の掲載を見合わせることにきめると、猛烈な罵倒の手紙を添えて、その原稿を小山内薫のところへ返すことにした。その使者に行かされたのは、若い編集者の半沢成二氏（筆名諏訪三郎）であった。

そのころ小山内薫は芝門前仲町に住んでいた。小山内はすでに文壇へ出て数年たっていたが、それでも玄関の障子は破れ、畳の縁はいたんでいた。彼は半沢氏から樗陰の手紙と原稿を受け取ると、奥へ入ったきり出てこなかった。小山内薫はカンカンに怒った。自分が『中央公論』へ原稿を寄せるのは、滝田樗陰の批判を仰ぐためではない。原稿がおくれたので腹が立つならば、おくれたことを責めるべきで、作の悪口をいうには当たらない。そう思った彼は、樗陰の手紙を『三田文学』に公表して鬱憤を披瀝すると同時に、「高師直」の続編もいっしょに掲載した。それきり、小山内と樗陰の交通は絶えた。樗陰が小山内に出した手紙はつぎのとおりである。

　拝啓今回の御作「高師直」は此前の「英一蝶」に比して遥かに見劣りするのみならず其前の「江島生島」に比しても出来栄あしきやう存ぜられ、小生等の期待には副はざる作物に候ひしも、或は後半に至って大いに見直すやも知れずとの心頼みもあり、且つ未完のまゝにてあとを打切るは読者に対して不忠実なる上、貴下に対しても甚だ失礼と存じ、先月二十三日頃続篇を頂戴すべき旨にて当方にても其予定にて有之候処其後矢張り遅々として御執筆進まず十二日一ぱいとの御確約が十六日となり十八日となり十九日となり、二十日朝となりても未だ全部御脱稿相成らず、枚数も亦五十枚以内といふのが七十枚以上に上って未だ完結せず、あと今夕五六枚にて御完結との御事に候へ共今までの結果よりいへば或は枚数も其上に上らずやと存ぜられ〆切り期日よりいふも頁数より云ふも実に非常に閉口いたし居る次第に御座候平常性急にして怒り易き小生も今日まで実に我慢に我慢を重ね候次第なるも若し今夕全部出来ぬやうに候はゞ今回は甚だ不本意乍ら原稿御戻し致すことゝ決心仕り候若し又只今全部御完結相成り候とするも正直に申せば全部只平板なる軍記物的にして芸術的には確かに失敗の御作にして之を発表するは貴下の為めには或は不利益にあらずやと存ぜられ候へば之が発表は見合はせ一両月中に別の物の御寄稿を乞ふ方が双方の為めなるやうにも存ぜられ候が御高見如何当方にて頂戴するにしても頂戴せぬにしても予定が狂ひ候為め困却此上なく候も大局より見れば其方が結局利益なるやう存ぜられ申候尤も原稿料の件差当ってお困りかとも存ぜられ候へば其節には稿料の半分位お立替いたしおき次の御作の節清算するやうにいたしてもよろしく候小生参上の上委細申上べきに候へ共荊妻病中にて寐不足続き気分勝れざる上本日は郡部まで廻り候為め俥夫疲れ居り候へば失礼ながら使のものを以て申上候次第あしからず御了承祈上候先づは右要用のみ　草々

九月二十日夕　滝田哲太郎拝

小山内　薫様

滝田樗陰は、小山内薫に原稿を返還した自分の措置が適当であったかどうか、気になってしようがない。彼は半沢記者にむかって、

「君、芥川さんと佐藤さんのところへ行って、意見をきいてくれないか」

とたのんだ。半沢記者がさっそく芥川・佐藤両家をたずねて、意見をもとめると、二人とも、

「編集者の気に入らぬ原稿は返してもいいだろう。ただ、そのとき、編集者の鑑賞力が批判されるだろう」

といった。樗陰はそれを聞いて安心したふうであった。

小山内薫にとっては、滝田樗陰という有力な編集者と隔絶したことは、かなりの打撃であった。彼はそれ以来、まじめな作品を発表する公の機関を失った。彼は一時は滝田樗陰に兜を脱がせるような作品を書いてやろうと気色ばんだが、だんだん自信を失いだした。そして彼は文壇に小説家としての存在を消してしまった。彼が晩年に新劇運動に熱中するようになったのは、こういう事情も働いていたのであろうと想像さ

れるのである。

そのくせ、彼は会合などで滝田と顔を合わせれば、笑って挨拶もするし、雑文をたのまれて書いたこともある。しかし樗陰は彼に小説を書けといわなかった（小山内薫「滝田君を憶ふ」、諏訪三郎「滝田樗陰」による）。

里見弴氏と広津和郎氏

里見弴氏も滝田樗陰の癇癪の対象になった。その「滝田君との交渉」によると、つぎのとおりである。

「大正四年二三月頃、大阪にゐて、金に困ってゐる最中、突然滝田君から手紙で、中央公論に小説を書けと云ってよこした。（中略）――これが滝田君との交渉の初り。

翌五年正月麴町五丁目の裏通りに、始て世帯のもちたて、手俥で乗りつけて来て、二月号の小説を頼まれた時が初対面。

爾来十二年の正月号まで、年にいくら少くても三つや四つは、頼まれて書いてゐた。ところが、その年の四月号の原稿が、どうしても書けないで、大テコズリにテコズラせたため、ぱったり交渉が絶えて了った。その後『随筆』で各誌の編集者の苦心談といふやうなものを集めてゐたなかに、滝田君が、こっちの名前は出さずに、大分ひどくあたってゐるのを見た。腹は立たなかったが、年甲斐のない、安ッぽいまねをするな、とは思ひ、私《ひそ》かに君のために惜んだ」

半沢成二氏の記憶によると、このとき里見氏の原稿を担当していた編集者は樗陰と同郷の秋田県人某であったが、毎日、里見氏のところへ通わされるのにやりきれなくなって、苦情をいったところ、里見氏の機嫌をそこねて、里見氏から樗陰に、ああいう無礼な編集者はよこさないでほしいと電話があった。その男はたちまちクビになり、半沢記者が代わりにゆくことになったが、あいかわらず原稿がおそいので、たまりかねた樗陰が、

ソレデモニンゲンカ」タキタ

と電報を打ち、爾来、両者の交渉は絶えたのであった。

「ニンゲンカ」というのは、当時里見氏が『人間』という雑誌を発行していたので、それにあてつけたものであった。

また、久保田万太郎も大正十一年から十三年まで樗陰の怒りにふれて、絶縁を宣言されている。

滝田樗陰をへこましたという例もある。やはり半沢成二氏の思い出によると、広津和郎氏がまだようやく小説を書きはじめたころ、氏のある作品を読んで、すっかり惚れ込んだ樗陰は、

「お目にかかり、御用談したきことあり、御来社ください」

というハガキを出した。普通の新進作家なら、さっそく駆けつけるところだろうが、広津氏は編集者が作家をよびつけるとは無礼千万だと、大いにむかついて、「用事があるなら、そちらから出かけてくるべきである」という意味の簡単なハガキを出して、突っ放してしまった。それを見た樗陰は、色をなすどころか、この若い作家の気概を大いに讃嘆して、さっそく二人曳きの人力車に乗り、赤城下の広津氏の下宿を訪問し、非礼を深くわびたうえで、寄稿を依頼した。なおそれ以来、樗陰はいかに無名作家でも、ハガキでよびつけるというようなことはしなかったという。

もっとも、この話は広津氏自身の書いたもの（『年月のあしあと』）によると、すこしちがった点もある。広津氏がはじめて『中央公論』に執筆するとき、はじめ八十枚という約束であったが、滝田樗陰は日に二度も使いをよこして、五枚でも十枚でも、できただけもっていってしまう。そのために、広津氏は推敲する時間もなく、そのま

ま載せねばならなかったので、小説は書きっ放しでいいのだという習慣が、最初からついた。

八十枚の約束が、五枚、十枚ずつもってゆかれるうち、いつか百枚を越えたので、樗陰は電話をかけて、

「一体何枚になるつもりですか。一遍そういう点を相談したいから、会社まできてくれませんか」

と吹鳴るようにいった。すると、広津氏はその調子にむっとして、

「僕はいま書いている最中ですから、そっちからきてください」

と答えて電話を切ってしまった。執筆中に西片町まで来いは無理をいうと思ったからである。樗陰はさっそく二人曳きの人力車に乗ってやってきて、あやまった。そのときの作品が広津氏の出世作「神経病時代」である。

滝田樗陰が作家たちに対して、遠慮なく癇癪を破裂させ、高飛車に出ることができたのは、彼の編集している『中央公論』の文芸欄が、文字通り作家たちの檜舞台になっているからであった。既成作家は、定期的にここに執筆することによって、自らの文壇的地位を確保することができ、新進作家は、ここに登場することによって、自分

の名が文士として登録されたと信ずることができた。そして、ここに登場するかしないかは、たった一人の滝田樗陰の意志によってきまることであった。いわば彼は、あらゆる作家の活殺の権を握っていたのであり、作家はすべて、彼の御機嫌を損じないように、戦々兢々としていた。『木佐木日記』によると、芥川龍之介さえ樗陰に対しては謙遜で、樗陰が何か言うたびに、先輩の前へ出た後輩のように、はあ、はあと、相槌を打っていたという。まことに樗陰は、文壇の王様であった。

独占欲が強く、嫉妬深いのも、王様の特性である。滝田樗陰は、自分が掘り出した作家がほかの雑誌に執筆することを喜ばず、貧しい作家にはどんどん稿料の前貸しをして、自分の雑誌にしばりつけた。のちに『中央公論』と対立する大雑誌となった『改造』の編集長横関愛造氏の書いたものによると、芥川龍之介や菊池寛に執筆をたのんでも、

「僕は滝田君に義理があるから」とか、

「前借があるから」といって、なかなか承知しなかったという。

樗陰の少年時代、彼の家の裏に一本の杏の木があって、実の熟するころは、近所の子供たちが争って取ったものだが、樗陰はいつも、一番高いところに登って実を独占

し、他の子供をよせつけなかったものだと、木佐木氏に語ったことがあるという。彼は幼いときから独裁君主の素質をそなえていたといっていいようである。

吉野作造とデモクラシー

上述したように、そのころ雑誌の論文は談話筆記によるものが多かった。滝田樗陰が徳富蘇峰に編集者としての才能を認められたのも、彼の筆記のまとめ方がうまかったからであった。樗陰はこれを得意にして、蘇峰の口述は他人まかせにせず、大編集者といわれるようになっても、自分で出かけた。

樗陰が人まかせにしない寄稿者が、もう一人あった。吉野作造博士である。吉野博士は宮城県志田郡古川町の人で、樗陰と同じ仙台の二高を経て、東大法科を卒業、同助教授に任ぜられて、満三年間ヨーロッパへ留学していたが、大正二年七月、日本へ帰ってきた。滝田樗陰が吉野作造をたずねたのは、その年の晩秋であった。そのときのことを、吉野作造はつぎのように記している。

「滝田君と始めて相識ったのは大正二年の晩秋であった。此夏私は欧洲の留学から帰って大学の教壇に立ったのであるが、新しい帰朝者の誰しも経験するやうに、直に雑誌経営者諸君の襲ふ所となった。その中で滝田君は一番遅くやって来た方で、初めて訪問を受けたのは十一月初め頃であったと記憶する。

初対面の挨拶が終って滝田君は、自分も私と同じ東北の出身で且仙台二高を出たということ、私の親しい誰彼とは高等学校以来同窓の誼があり之等を通じて私の噂も聞いて居たといふことなどを述べ、続いて中央公論との関係やら又雑誌経営上の抱負などを吹聴されたが、それから先の言分が振て居る。今でも鮮かに記憶して居るが斯うだ。自分が貴君を訪ねたのを多くの雑誌経営者が新帰朝者といふと直ぐかけつけるといふ様な月並の来訪と思はれては困る。さう思はれたくないから夏以来わざと今まで差控へ、そうして其間ひそかに貴君を研究して居たのです。貴君には寄稿家としては固よりだが、其上種々の点に於て先輩としての格別な御交際が願ひたくて上りましたといふのである。人を煽てるやうな所もあり又人を馬鹿にしたやうな気味もあり、初対面の際だけに一寸失敬な奴だと腹では思ったが、まァ〳〵と此点はいい加減にあしらって、寄稿だけを引き受けた。そして日米問題に関する考察を寄せて其年の十二月号に載せたのが中央公論に於ける私の初陣である」（「滝田君と私」）

吉野博士が十二月号と思っているこの論文は、じつは翌大正三年一月号に載ったもので、その題は「学術上より観たる日米問題」といった。内容は米国の排日の根拠・経過を分類的に解説し、なお帰化権の獲得と、わが方における教育の世界化を要望したもので、これ以来吉野博士は『中央公論』にほとんど毎号寄稿をつづけることになり、第一次欧州大戦がはじまるとともに、世界的風潮となったデモクラシーの提唱と普及に力をそそぐことになった。いったん気に入ったとなれば、毎号同じ人の文章を載せてあきないのが滝田式であった。

滝田樗陰はこうして、吉野作造博士のデモクラシー論に多くの紙幅をさいて、大正期の進歩的思潮の鼓吹に役立つところが多かったが、はじめのうち彼自身の思想は、それほど急進的なものではなかった。彼は青年時代福沢諭吉を尊敬し、大学へ入ってからは徳富蘇峰・夏目漱石に近づき、のち『朝日新聞』の主筆池辺三山に傾倒して、しばしばその門を叩いた。明治の末年から大正のはじめにかけて、樗陰は『中央公論』の「社論」を毎号自分で書いてきたが、それらは主として国家主義的立場に立ったもので、富国強兵がその究極の理想であった。

しかし、吉野作造と親しくなるにつれて、彼はしだいにデモクラシーの立場へ近づき、彼の執筆にかかる「社論」を大正五年をもって打ち切るとともに、吉野ならびに大山郁夫によって代表される民本主義者たちに執筆を乞うことが多くなり、『中央公論』は大正デモクラシーの牙城となったのである。

滝田樗陰は、吉野作造と個人的に親しく交わったばかりでなく、雑誌の編集についてもいろいろと吉野に相談したので、世間からは、吉野は単なる寄稿家でなく、何らかの特別関係を社中にもっているかのように思われた。しかし、これほど立ち入った相談をしたにもかかわらず、樗陰はかならずしも吉野の推薦する原稿なり寄稿家なりを、そのまま受け入れようとしなかった。そういう点に関しては、樗陰は氷のように冷たかったが、吉野はむしろこの点に彼の天性の雑誌経営者たるゆえんを認めたのであった。

吉野作造につづいて『中央公論』に登場したのは、早大教授大山郁夫である。彼は大正五年四月、「政治を支配する精神力」を書いて、唯物論の環境支配説を排し、理想主義的な立場をあきらかにしたが、以後つぎつぎに力編を寄せて巻頭を飾り、吉野・大山時代を現出した。

大山はのち、昭和期に入ると、左翼的傾向をあきらかにし、労農党の委員長として実際行動に踏み込んだが、昭和六年、政府の圧迫をのがれてアメリカに亡命した。そのとき樗陰はすでに歿していたが、その後継者で中央公論社長となっていた嶋中雄作は、渡航費用の幾分にあてるようにと金を贈ったところ、のち、横浜事件（第二次大戦中、神奈川県の特高が綜合雑誌編集者十数名を、共産党再建謀議の疑いで取調べた事件）のとき、そのことが問題にされ、訊問を受けた。

早大教授杉森孝次郎氏も、大正初期から『中央公論』に常時執筆している。彼は嶋中雄作の学生時代からの親友であった。

その他、大正期の『中央公論』にしばしば執筆した評論家には、長谷川如是閑・堀江帰一・永井柳太郎・林癸未夫・水野広徳氏らがあるが、彼らはいずれも藩閥・軍閥を批判し、政治と言論の自由を説いた。

第一次大戦ののちは、社会問題・労働問題が一般的関心の的となった。上述したように、滝田樗陰の立場は比較的穏健で、極端な左翼的言辞を好まなかったが、社会情勢の激化とともに、誌面のうえでは社会主義的な論調も見られるようになった。

当時の社会評論

こうして、『中央公論』は文芸欄と評論との両面に力を入れ、綜合雑誌としての権威を高めていったが、実際のところ、雑誌の売れるか売れないかは、小説欄の出来ばえによるところが多かった。それについて、正宗白鳥は『文壇五十年』の中で、次のように書いている。

「政治問題、社会問題あるいは学術関係の問題につき、その道の学者、評論家の論文が掲載されることがあっても、それが売物になることはまれであった。たまに文学評論みたいなものが載せられても、それは添え物として扱われ、原稿料も軽少であった。

雑誌読者は、作りものであり、こしらえものである小説などを喜んで、時事問題、現実の社会の問題に関する検討、批判に着目する興味はなかったのか。まだそういう時事評論、社会評論を職業とする者もなかった。(中略)

幸徳一派の大逆事件もあり、社会主義運動の芽ばえもあり、民本主義の主唱者もあったりしたが、まだ左翼思想も右翼思想も一世を風靡するところまで行っていなかった。思想もつまりは流行物なのだが、明治末期から大正初期にかけては多数者がかぶれるような流行思想の動きはなかった。文壇のなかでも真剣に政治批評なんかする者はほとんどなかった。泡鳴は新日本主義を唱えてわらわれていたが、私などは何かの会合の席で、政治論を聞かされたことはなかった。現在の政治の事なんかは無視するのが、文学者の本分であるように私などは思っていたが、大抵の文壇人はそうであったらしい。とにかく、その当時、小説の原稿料は政治評論、社会評論なんかの稿料よりもはるかに高かったことによっても、評論の価値を文壇人が感じていないことが推測されるのであった」

一般に小説の稿料が評論の稿料より高いという現象は、今日の出版界にも当てはまらないこともないが、これには種々の理由が考えられよう。

第一に、そのころは、上掲の正宗白鳥の文章にもあるように、評論家という職業が確立していなくて、多くは、学者や新聞記者の兼業であった。彼らはたいてい本業のほうで生活を維持し得る収入を得ているので、筆一本で暮しを立てねばならぬ小説家にくらべれば、原稿料に依存する度が、おのずから違っていたのである。彼らは少額の稿料でも満足したし、たとえ満足しなくても、金のことを口にすることを恥じる日本人特有の習慣から、満足したふりをした。

第二に、評論の多くは、上にも述べたように、編集者に口述して筆記させたものであった。大家になればなるほど、見栄も手伝って、自分で筆を取ることを面倒がって、筆記させたがった。これは口述者が文章の末節まで責任を持たないということであり、安易に作られたものということにもなった。ことに樗陰のように、相手が徳富蘇峰であっても、吉野作造であっても、ときどき筆記の手を休めて、議論の内容について検討しながら論旨を展開する場合は、論文は両者の合作であるといってよく、テニヲハの一つ一つ、点や丸のいちいちにまで作家が責任を持つ小説にくらべて、軽くあつかわれるのも、やむを得なかった。

しかし、最大の理由は、やはり正宗白鳥のいうように、読者の大部分が、政治評論や社会評論をそれほど歓迎しないという点にあった。これはおそらく、明治という時代の幼稚さに帰せられるべきものであろう。教育は一応普及しても、一般の政治的社会的関心はきわめて乏しく、知識階級の多くは、現実の利害を超越した学問や芸術のほうを高尚なものと考えていたのであった。

その典型的な例が、近松秋江である。上述したように、彼が『中央公論』に文芸欄を設置したがったのは、従来の「実利主義的な、無趣味な、雑ぱくな」雑誌を通俗的と考え、もっと趣味的な、高雅なものにしようと思ったからであった。

その意味では、滝田樗陰がときどき夏目漱石の作品を載せたことは、読者の好尚にかなっていたということができよう。漱石の隠遁趣味、高等遊民趣味、金満家の金田富子や『虞美人草』の小野さんを軽蔑する超俗趣味は、そのまま近代社会の政治や経済にそっぽを向いて、自分たちのほうがはるかに高級な人種であると自負していた当時の有閑知識階級の心情を代弁していたのである。

したがって、そのころの『中央公論』が、綜合雑誌でありながら、文芸欄に均衡を失するほどの力をそそぎ、そのころの文学者が、文芸専門の雑誌よりも、畑違いの綜合雑誌に登載された作品に敬意をはらうという、一見奇妙な現象も、よくよく考えてみれば、そのころの日本の知識階級にとって、きわめて自然なことであった。そのころの知識階級は、政治や経済の実地で働く人間を、俗物として軽蔑する一方では、それが国家に欠くべからざるものであることも知っていたし、そういう問題について抽象的な議論を戦わすことを高級なこととも思っていたので、ただ婦女子の慰み物となるにすぎない小説ばかり専門に載せる文芸雑誌より、時事論文も載せる綜合雑誌のほうを、一段高級なものと思っていたのである。

中間読み物の開拓

このようにして、『中央公論』の権威は徐々に作り上げられていったが、それだけでは発行部数の増加にはそれほど役立たなかったであろう。『中央公論』の部数拡張に大きな働きをしたものがもう一つあった。それは中間読み物の開拓である。

中間読み物というのは、今日でいえばルポルタージュとか、ノンフィクションなどに当たる興味本位の記事で、たまたま毎号巻首の時事論文と巻末の創作との中間に組まれたので、そのような名前がつけられたが、その記事の性格が、硬い論文と軟文学の中間に当たっているところから、内容を示す言葉としてもふさわしかった。『中央公論』の表看板は吉野作造のデモクラシー論や、創作欄の文壇大家連の力作であるが、正直なところ、これらの文章は、あるいは難解だったり、あるいは深刻だったり、厳粛だったりして、肩の凝るものばかりである。寝ころんで、気楽に読み飛ばすというわけにゆかない。そこで、能の間に狂言がはさまれるように、くだけた娯楽本位の読み物が必要になってくる。その必要に応じて生まれたのが、中間読み物であった。

中間読み物には、それにふさわしい作家のグループがあった。松崎天民・生方敏郎・田中貢太郎・村松梢風などである。この人たちは、あるいは社会の下層にうごめく淫売婦の生態をえがいたり、珍しい犯罪や裁判事件の内情を調べたり、政界や官界の裏面をあばいたりして、読者の興味をひくような記事を書いた。これらは、今日でいえば新聞の社会欄や週刊誌のルポ記事に当たり、文学的に高度のものでもないし、思想的に深遠なものでもないが、題材の新鮮さで読者をひきつけた。実際のところ、そのころの『中央公論』で一番よく読まれたのは、表看板の時事論文でも創作欄でもなく、これらの軽い読み物だったのである。

滝田樗陰もまた、このことをよく心得ていて、下谷界隈の花街を飲み歩くときは、いつもこの人たちを同伴していた。おそらくこの人たちは、文壇の大家や学者・評論家のように、見識ぶったり、気取ったりしていないので、樗陰にも気楽につきあえたのであろうし、酒の席で談笑しているうちに、次の号のいい企画が生まれるという一徳もあったものであろう。樗陰はよく、

「松崎さん。あなたは十円出しなさい。残りは全部私が持ちましょう。ひとつ、今夜は愉快にやろうじゃないですか」

このようにいって、松崎天民たちを誘ったものだという。彼らはまた、中央公論社をまるで自分たちのクラブのようにして、年じゅうあそびに来てぶらぶらしており、夕方になると、樗陰といっしょに飲みに出かけるのであった。

しかし、高野敬録や木佐木勝氏のような若くて潔癖な編集者からみると、この人た

ちはいかにも、樗陰に幇間的な媚びを呈して、『中央公論』の常連寄稿家という地位を独占しようとしている俗物のようにみえた。それで、大正十四年、樗陰がなくなって、編集の責任が若い編集者に引き継がれたとき、彼らがまっさきに申し合わせたことは、これまでの情実関係を断つという意味で、これら中間読み物作家に原稿を依頼しないことであった。滝田樗陰の在世中、彼の独占的・排他的な性格に迎合して、ほとんど他誌に執筆せず、『中央公論』だけを発表の舞台としていたこの人たちは、にわかに支柱を失って、右往左往するという惨状を呈したが、一方『中央公論』も独特の魅力を失って、読者が激減することになった。

本願寺からの独立

『中央公論』の売行きが順調にのびてくると、次第に本願寺からの援助を必要としなくなり、やがて雑誌は完全に麻田駒之助のものとなった。しかし、それは簡単に実現したのではなかった。雑誌の苦境時代、本願寺からの援助は欠くべからざるものであったが、それにともなって、本願寺から編集内容について干渉があったことは当然の話で、上述したように、高山覚威や滝田樗陰が文芸欄拡充を熱心に説いたにもかかわらず、麻田駒之助が反対しつづけたのは、彼自身の無理解ということのほかに、本願寺の意向をはばかったからでもあった。

しかし、樗陰は本願寺との縁を一日も早く切りたがった。というのは、本願寺から、ときどき彼の意に満たぬ原稿を押しつけられたからである。樗陰のように主我的で、自分自身の意見を持ち、自分に納得できることしかしようとしない男にとっては、情実や権力を背景にして強制されるほど不愉快なことはない。彼はしばしば本願寺からの天下り原稿をことわった。そして麻田駒之助にむかって、本願寺と絶縁することをもとめた。

しかし、麻田社長にとって、本願寺と縁を切ることは、それほど簡単なことではなかった。第一、彼の家は室町時代の昔から、代々大谷家の恩顧を受けた寺侍である。先祖代々、本願寺を生活の本拠としてきた家である。そして彼自身も、門主の一族の家庭教師から身をおこし、本願寺の出資になる雑誌によって世に立っている男である。こういう深い因縁は、きのうやきょう編集を引き受けることになったばかりの男にいって聞かせたところでわかるものではない。

しかし彼は、樗陰の要求も理解できないではない。ともかく、彼が編集するようになってから、沈滞しきっていた雑誌に生気がみなぎり、部数がどんどん伸びてきたことは事実である。はじめきらっていた文芸欄も、それあるがゆえに売行きが増すと思えば、そう悪い気がしなくなることも事実である。はじめ一千部をもてあましていた『中央公論』も、樗陰が編集しだしてから三年目には六千部に躍進し、四年目の明治四十年には、一万部を越えた。もしかしたら、樗陰は雑誌編集の天才かもしれぬ。自分は頭が古いのかもしれぬ。樗陰の天才を思いきり発揮させるには、彼のいうとおり、本願寺と手を切ったほうがいいのかもしれぬ。

樗陰と本願寺のあいだに立って、麻田社長が迷っているうちに、一年たち、二年たった。売行きはますます好調で、相当の蓄積もできた。そして五年目の大正元年、麻田駒之助は重い腰をあげて、門主大谷光瑞をたずねると、

「ながいあいだお世話になりましたが、雑誌もどうやら一本立ちになれました」

といって、金包みを差し出した。光瑞は、

「それはよかった」

といって、金には目もくれなかったが、これで雑誌は麻田駒之助の所有になった。包みのなかには三千円入っていた。そして、このとき『中央公論』の発行部数は四万部

を超えていた（木佐木勝氏「樗陰と実彦」による）。

『反省会雑誌』以来、二十何年にわたって育て上げ、いま四万部になっている雑誌（もっとも、これを四万部にしたのは滝田樗陰だが）を三千円で手放すということは、ふつうの人間には考えられないことであるが、大谷光瑞はそんなことに頓着する男ではなかった。彼は本願寺王国の門主として、金は腐るほどもっており、日本の国威を地球のすみずみまで発揚することしか真剣に考えていなかったから、三千円がただの三円でも同じことだったのである。そしてふだんから光瑞をきらっていた滝田樗陰も、さすがにその大度量には敬服した。樗陰が光瑞をきらったのは、彼が金主で、金主らしい無頓着から、大して悪気もなく、ときどき『中央公論』に口を出したからにすぎないので、お互いちがった立場で会えば、この二人のケタはずれの男たちは、案外相手のなかに自分の分身を認め合って、肝胆相照らしたかもしれないのである。

大谷光瑞は『中央公論』から手をひいてかち四年後の大正五年の暮れ、滝田樗陰のところへ「大陸美論」と題する一文を送ってきた。内容は光瑞の大陸旅行の印象記である。光瑞の『中央公論』から手を引くときのサッパリした態度に感激していた樗陰は、謹んでこれを大正六年の新年号に掲載した。

すると光瑞は、引きつづいて「帝国之危機」と題する論文をとどけてきた。内容は光瑞の日ごろ抱懐する大アジア主義にもとづく中国問題解決策である。そのころ、すでに吉野作造のデモクラシー論の感化を受けていた樗陰にとっては、この論文は時代錯誤の標本としか思えなかった。しかし、光瑞と『中央公論』とのながい因縁を思うと、これを無下に拒否するにもしのびない。樗陰は苦慮したあげく、ひとまずこれを三月号の巻頭に掲載すると、すぐそのつぎの号で、吉野作造に痛烈な批判を加えさせることによって、良心と義理の両方を満足させた。

編集部員の見た樗陰

滝田樗陰は明治・大正・昭和の名編集者として、伝説的な人物になっていて、その性行や風貌はいろいろな人の筆によって伝えられているが、その大部分は寄稿家の目から見たそれであって、いわばそれは彼の外面《そとづら》である。同じ人が、同僚あるいは部下の編集者の目にどう映ったか——つまり彼の内面《うちづら》はどうであったかを知ることも、必要であろう。

半沢成二氏が中央公論社へ入り、主幹滝田樗陰の下ではたらくことになったのは、大正七年二月であった。子供のころから文章には自信があったけれども、福島県の山奥に生まれて、都会風の行儀作法も知らず、近代的な教養にも自信をもてない氏にとって、樗陰はすこしも気のゆるせない、ときには残酷な、恐ろしい主幹であった。いつも和服を着ている彼は、袴の紐を臍の下にきりりとしめて、分厚な金鎖を垂れていた。襟元をゆるくあけ、血色のいい童顔には、つねに意志があふれ、才気がつつまれてあった。小さいが、やや目尻のさがっている双の眼には、どこかきびしい冷峭《れいしょう》さと、感情にもろすぎる愛情が流れていた。

そのころ綜合雑誌は月の七、八日ころに発売された。したがって校了になるのは前月末からその月のはじめころだった。『中央公論』では、校了の翌日は臨時休暇で、それから三、四日たって翌月号の編集会議があった。編集会議は午前十時からで、編集部員がすこしでもその時間におくれると、樗陰は、

「君、編集会議だけは時間を守ってくれないと困るね」と冷峭な瞳をむけた。そのくせ、会議が時間どおりにはじめられたことはなかった。そのころ樗陰は中央公論社と同町内の西片町に住んでいたので、出社は早かったが、皆の顔のそろうのを待っていた樗陰は、そこで前夜読んだ本や雑誌の話を、滔々としゃべり出すのである。彼は並

はずれた読書家で、一方、酒色に費やす時間もかなり多かったから、本を読む時間といえば、夜おそくか、朝早くしかなかった。もっとも人力車の上も、彼にとって恰好の読書場所であった。

彼の読書範囲は無際限に広く、前日には杜甫や王維や蘇東坡を談ずるかと思えば、今日はメリメやバルザックやトルストイを語り、つぎの日は『源氏物語』や『古今集』を語った。そして彼の部下の編集者は、彼の話に相槌を打つために、まるで怠け学生が試験を迎えたように、三体詩を読み、ツルゲーネフを読み、ゴーゴリ、シェークスピア、『万葉集』を読みあさらねばならなかった。すると樗陰はまるで子供のように、社長にむかって、

「このごろ誰それ君はなかなかよく勉強していますよ」

と報告し、それがただちに昇給や賞与に影響するのであった。

編集会議がはじまるのは、樗陰の読書講義独演会が一時間以上つづいたのちである。部員たち（といっても、高野敬録と木佐木勝氏と半沢成二氏と三人きりである）が居ずまいをただすと、樗陰は懐中から巻紙に書いた編集プランを取り出す。それは彼が自宅で作ってきたもので、題名と筆者名がズラリと書いてある。

樗陰がそれを読み上げると、次席の高野敬録がそれをかしこまって編集日誌に写し取り、ついで樗陰が一つ一つの項目を取り上げた意味と、その筆者の最近の業績・傾向等について、二時間ばかり縦横の賞讃と批評の言葉をのべる。そのあとで樗陰から各記者にむかって、それぞれの分担の指示があり、それで編集会議は終了であった。

編集会議が終わると、一同は樗陰につれられて、本郷通りのレストラン鉢の木へゆき、かなり贅沢な午餐の振舞いを受けた。鉢の木はそのころ評判のフランス料理店で、吉野作造・渡辺銕蔵《てつぞう》・牧野英一・小野塚喜平次・河津暹《すすむ》らの東大教授連の姿をよく見かけた。

滝田樗陰はつねに文芸作品を、青年のような情熱をもって愛読していた。彼は部下の編集者が原稿をもらってくると、かならず待ちかまえていて、その場で読んだ。そして、

「じつにうまいものだねえ」とか、

「これは、君、傑作だよ」

とか、賞讃の声を発してから、こんどは声をたてて、一同に読んで聞かせた。そういうときの彼の表情は、美酒に酔うているかのように、陶然たるものであった。

樗陰が感服している作品に、部下の編集者があまり感服せず、生返事をしているときが、彼の一番みじめなときであった。彼は不満そうに、

「どうして、この作品のいいところが、君にはわからないのかなあ」

といってから、

「高野君、これを読んでみたまえ」

次席の高野敬録も、いっぱしの読書家をもって任じ、一見識もっている男である。わざと冷やかな顔で、

「大したものではありませんね」

とでもいったが最後、大変なことになる。樗陰は、どうしても高野記者に賛成させようとして、半沢記者や木佐木記者などにも同感をもとめるのだが、彼らは彼らで、それぞれ自分の意見をもっていて、いくら主幹のいうことだからといって、おのれを偽ってまで迎合する気はない。樗陰はいよいよ孤独に堪えられなくなって、

「ちょっと、外に出よう」

と三人を誘うと、先に立って外出するのである。彼は途中の店で水蜜桃・西瓜・アイスクリームなど買い求めると、東大構内の芝生に腰をおろし、皆に食べさせながら、

「しかしだね、君たちにどうしてあの小説がわからないのかなあ」

と、また、原稿の話をもち出すのである。

それでも彼らが賛成しないと、樗陰はもう居ても立ってもいられなくなって、またもやぶらぶら歩き出し、本郷三丁目の近くにあった燕楽軒に入って、一同に珍しい洋酒や、豚の尻尾、牛の舌などの高級料理をさんざん御馳走したのち、

「しかしだね……」

と、またしても先ほどの小説の話をもち出すのであった。

こんなことが度かさなるうちに、半沢記者たちは次第に悪知恵をはたらかすようになって、樗陰に燕楽軒や鉢の木をおごらせるために、わざと彼に反対をとなえることもあった。

月収二千円

『中央公論』の発行部数が増すごとに、滝田樗陰の収入もふえた。というのは、彼はきまった月給のほかに、雑誌が一冊売れるごとにいくらという歩合を取っていたのである。

明治三十七年、樗陰が近松秋江の下で編集を手伝っていたころの月給が五円だったことは、前に記したとおりである。その後、彼の月給は、年とともにふえ、明治四十年には三十五円になった。しかし、ここで彼の昇給は据置きとなり、その後は毎月の売れ高による歩合がつくことになった。つまり売れれば売れるほど、樗陰の懐ろに入る額が多くなるわけで、彼としても、努力のしがいがあるというものであった。そのころの『中央公論』の飛躍的な発展は、たしかに滝田樗陰の卓抜な才能によるものであったが、彼をしてその才能を最後の一滴まで傾けて、奮励努力しようという気にさせたのは、ほかならぬこの歩合制である。

そのころ樗陰が頻々として特大号を出し、大付録号を出し、臨時号を出したのも、またつぎつぎとページ数を増し、定価を高くしたのも、結局はそのたびごとに総売上げ額をふやし、結果として彼自身の収入をふやすためだったという解釈をくだしている人もないではない。そして樗陰は大正八年には、『中央公論』の発行部数十二万部に対して月々二千円の歩合を取っていた。米騒動のあった翌年で、物価は相当上がっていたとはいえ、まだ、百円札がめったに庶民の手に入らなかった時代に、二千円の月収のある男はそうザラにはいなかった。

上述したように、樗陰が文壇の作家たちに対して、優越者の態度で接することができたのも、一つには彼が経済的に恵まれていたからであったろう。文士の収入の乏しかった大正時代、よほどの流行作家でも月収二千円を越えることはなく、たいていは樗陰の足もとへも及ばなかったから、彼はその点でも、作家に対して卑屈になる必要はなかったのである。

金まわりがよくなるとともに、滝田樗陰のなかの享楽家の素質が頭をもたげた。彼はまれに見る情熱家で、努力家で、かつ活動家であったが、それだけに、精力の消耗も激しく、したがってそれを補給するための必要から、食欲も旺盛であった。彼は前半生の貧しく不如意な生活のうちに積もり積もった数々の欲求を、一度に満たそうとするかのように、美味を漁《あさ》りあるいた。

大正のはじめころ、滝田樗陰の下で編集者としてはたらいていた嶋中雄作の記憶によると、樗陰はうらやましいほど健康で、健啖家であった。樗陰は自分の好きなものは人にも勧めないでいられない性質で、毎月一回、一週間ずつ市ヶ谷の秀英舎へ出張校正に出かけるときは、カツレツだの、ビフテキだのコロッケだのという油臭い安洋食を幾皿も平らげ、人にもすすめた。胃の丈夫でない嶋中雄作が、

「もうたくさんです」

と辞退すると、機嫌をわるくして、

「君、それくらいのもの、やりたまえ、やりたまえ！　大いにカロリーを摂る必要があるよ、下宿屋の飯では。——カロリー、カロリー、君、これ、カロリーがどれくらいあるだろうね、カロリーが」

といいながら、脂ぎった奴をフォークに突き刺して、さも好もしそうに見せびらかした。

滝田樗陰のこういう人に強いる性質は、食い物だけでなく、あらゆる分野にわたっていて、読書熱が昂じると、分厚い洋書を十五、六冊も秀英舎の校正室へかかえこんで、若い編集者に読破することをすすめるし、骨董熱が昂じると、校正室の壁に自分の掘り出した物をかけならべて、校正はそっちのけで、一同の鑑賞を強いた。上掲の半沢成二氏の回想に見られるように、自分の掘り出した作家の特長を、部下の編集者が納得するまで説いてやまないのも、彼の人に強いる性向のあらわれであった。

高山覚威の回想記によると、樗陰は団子坂のあるそば屋にうつくしい娘を発見して、三日に一度はかよっていた。このそば屋というのは、高山と樗陰が麻田駒之助に説いて、『中央公論』にはじめて小説を載せるという画期的事業をなしとげたとき、二人で祝盃をあげにいったという例のそば屋である。

樗陰は自分でかようだけでは満足できなくて、高山覚威を誘うと、その往き帰りに、口をきわめてその娘を礼讃し、彼女がいかに気高く、神々しいか、彼女をこのような店に置いて、いつまでもざるや山かけを運ばせることは、いかに非人道的、かつ冒瀆的であるかを説き、彼女をそば屋から救い出すのは、樗陰の義務であり、それを敢えてしないのは大馬鹿者か偽善者であると主張した。

やがてある日、樗陰は団子坂への途中、真顔で高山にいった。

「君はあの娘と結婚する気はありませんか？　君さえよければ、今日僕から娘の心持ちを聞いてみよう。どうです、君？」

「だって、君が発見者じゃないか。君自身結婚したらどうだ」

「いや、僕はいけないのだ。君のほうがよさそうに思われるから、ぜひ結婚したまえ。そば屋に生まれたって、貴族に生まれたって、同じじゃないか」

といって、熱烈な口調で勧説するので、高山はとうとう説き伏せられて、

「それでは、万事君に任せよう」

といわざるをえなくなった。

やがてそば屋へ着くと、楞陰はさっそく、そばを運んで来た娘を、座敷の片隅へ呼んで、熱心な調子で、二、三十分も談じ込んだが、娘は逃げるようにして奥へ引っ込んだきり、二度と姿を現わさなかった。

楞陰はまだ娘にむかっていいたりなそうな顔をしていたが、高山にむかって、

「明日また来よう。今度はひとつ、君からも手紙を書いてみませんか。それを渡せば、きっと彼女はうんというよ」

といった。

そのつづきがどうなったか、高山は省略して記していないが、のちに高山夫人になった人がこのそば屋の娘でなかったことは事実らしい。

書画蒐集への情熱

小島政二郎氏の小説『花咲く樹』の主人公は、丸ビルに編集室をもつ綜合雑誌の編集長で、肥満した身体にありあまる精力を傾注して、自分の個性のにじみ出た雑誌をつくる男であるが、彼は多分に楞陰をモデルにしたものといわれている。作中の柴は実際の楞陰よりだいぶ美化されているが、すくなくも彼が、好物の青竹に入れて焼い

た鮎を一度に十四も平らげるところは、樗陰そのままであるという。

なお、村松梢風の記憶によると、樗陰は一夏に千尾の鮎を食うと豪語していたし、下谷の花屋という行きつけの料理屋では、十品出の料理を残らず平げたうえ、鯉こくを三杯おかわりするので有名だった。また彼は富山の鱒のすしが好物で、ある老舗と特約して、たえず直送させていた。のちに樗陰の病気が重くなり、ほかの物が喉を通らなくなっても、鱒のすしだけは食べた。

樗陰は書画にも趣味が深かった。これは彼が夏目漱石の家に出入りしているうちに、吹きこまれたもののようであるが、のち同郷の平福百穂《ひらふくひゃくすい》と親しくなってからは、この趣味はなおさら昂じ、毎年の末には彼の西片町の家に、平福百穂・長原止水・結城素明・小杉未醒・小川芋銭・森田恒友などの当代の画家をあつめて忘年会をやった。なおその会には、芥川龍之介・横山健堂らの文士が招かれることもあった。

森田恒友のいうところによると、樗陰の鑑識眼は割合に一直線であった。一度惚れ込んでしまった作家のものは、少々の拙作でもかまわず買い込むというところがあり、世の理知的な鑑画家や盲目的な愛画家に比して、はるかにすぐれた鑑画家であった。

樗陰の特に愛したのは雲坪《うんぺい》であった。彼はあるとき、どこかの古道具屋の店先で、

はじめて雲坪の半折か何かを見て、すっかり気に入ってしまい、言い値で買うと、
「もし雲坪が出たら、いつでも買うから知らせてくれたまえ」
といった。道具屋にしてみれば最上の客である。あちこちから雲坪を見つけてきて、すこしずつ値をつり上げて売りつけたが、樗陰は一度も値切らずに買った。彼にとっては、人が何といおうと雲坪は最高の芸術家であり、最高の芸術家に対して金を惜しむということは冒瀆であった。こういう彼の一面も小島氏の『花咲く樹』のなかに描かれている。

　古人の作品をあつめるだけでなく、現存の文人や画家に揮毫をもとめることも、樗陰の道楽であったが、その書かせ方が、いかにも樗陰らしく、強引で、相手に有無をいわせなかったことも、文壇の語り草になっている。『漱石の思い出』（夏目鏡子述、松岡譲筆録）によれば、それはおよそ次のようであった。

「この（漱石が）亡くなる前の丁度一年間といふもの、たしか前年の十一月頃からだったさうですが、毎木曜の面会日となるとは、正午過ぎ早々『中央公論』の滝田樗陰さんが俥でいらっしゃいました。さうして紙をどっさり持ち込んで来て、自分で墨をおすりになり、毛氈を敷き、紙を展《の》べて、一切の準備をととのへて、さあ、先生、お

書き下さいといった具合に、ほとんど手を持たんばかりにして書や絵をお書かせにな
ったものです。それも少し遅くなると若い方達が次々にお見えになって話がはづむ。
さうなると邪魔だといふので、早くまだ皆さんがお見えにならない前にいらっしゃい
ますのです。さうして玄関をお上がりになる時には、あの太った金太郎さんみたいな
恰好で、紙とか毛氈とか、筆洗とかいふものを一抱へ抱へて上っていらっしゃるので
す。さうして二三時間の間といふもの、ほとんど休みなしに何かとお書かせになるの
でした。
一体滝田さんといふ方は遠慮のない方で、どうも人の迷惑などといふことにはあま
り気を使はない質《たち》の人だったやうですが、もう一たん来てつかまへたとなると最後、
後から訪問客があらうと、そんなことにはお構ひなしに、どんどん御自分の計画を運
ばせになるとしかみえません。だもんですから皆さんで、滝田の奴は失敬だ、不遠慮
に先生を独占してなどといふ不平もあったやうです。しかしそんなことにかけては調
法千万な人で何と言はれようとかんと言はれようと、どしどし自分の流儀を実行して
られたやうでした」
なお、楞陰のうまいところは、その日書かせたものは、次の面会日までに急いで表

装させて持って来て、漱石に箱書きをさせるという点で、漱石にしてみれば、おれのこんな下手なものでも、こんなに大事にしてくれるというので、つい続いて書く気になるのであった。

もっとも、樗陰に強請されて、まんざら悪い気もしないで揮毫したのは、漱石ばかりではなかったらしい。田山花袋などは次のようにいっている。

「私に字など書けるやうになったのは、殆ど全く滝田君の慫慂《しょうよう》のためだと私は思ってゐる。あんな拙劣な字を書かせるために、滝田君はいろいろものを持って来て励まして呉れた。筆や墨は勿論、短冊や色紙などをも沢山持って来て呉れた。おまけに酒の肴になるやうなものをも持って来て呉れた」(「滝田君を悼む」)

樗陰は漱石のところへも、いろんな物を持っていって、サービスにつとめたので、漱石は彼が入って来ると、今日は何をもって来てくれたかしらと、小脇を見るなどと、笑っていたという。

しかし、樗陰もなかなかチャッカリしたところがあって、硯や墨など持って来ても、墨はそれで書いてもらうのだから、飛び切り上等のものを持って来、硯は置いてゆくのだからというので、安物を持って来る。そのうち漱石もそれに気がついて、樗陰に、

「その硯はどこで買って来たんだ？」

と聞いておき、あとでその店へ電話をかけて、差額をはらっていい物と取り換えてもらうようにしたという。

なおまた、徳富蘇峰は、

「滝田君が人に物を書かせる事の巧妙であった事は、君を知る者の通論であらう。私なども君には種々に書かせられた。其内には平福画伯などの帖もあって、それに悪筆を振ふのは仏頭着糞の恐ありと辞退したが、それも聞き容れず其儘塗抹《とまつ》した事がある。此巧妙の手段は凡ゆる方面に行き、職務としては『中央公論』の為めに働き、余業としては君の書画収蔵を富饒ならしめたものであらう」

といっている（「滝田君に就いて」）。そして、滝田樗陰が歿したとき、彼の所蔵になる現代文人・画家の作品は、その量と質において、他に及ぶものがないであろうと噂された。

もっとも、樗陰の揮毫強請癖に対して、あまりいい感情を持たない人もいたことを、付け加えておく必要があろう。彼がなくなったとき、正宗白鳥は追悼の文章のなかで、次のようにいった。

「私と氏とは、原稿に関しては、終りまで互ひに不快な思ひをしないですんだのだが、ただ一度私は氏に対していやな気持に襲はれたことがあった。それは私の書を一度氏にまき上げられたことである。私は幸ひに字が極めて下手であるために、書画蒐集家として本職以上に名高い氏も、私にだけは色紙や短冊を書かせようとする好奇心は起さなかったらしいが、中央公論四百号(?)の紀念号に、小生の小説中の文句を滝田君指定のままに、唐紙に二三枚書かされた。私は多分、紀念号に掲載するためだらうと察したので、職業上の義理として、電報の催促に応じて揮毫して、送ったのであったが、あとで聞くと、それは滝田君の私有に帰したのであった。私は不快に感ずるのみならず不都合だと思った。麻田氏は、『滝田が大変喜んでゐました。書風が面白いと云ってゐました』と云ったが、私はそれがお世辞でないとしても、少しもうれしくなかった」(「滝田君と私」)

白鳥には、あきらかに私有の財産にする意図で、誰にでも揮毫させる樗陰の強引さが、我慢ならなかったのであろう。

なお白鳥は同じ文章のなかで、樗陰は作家の原稿の使い滓をも保存しているというわさだが、果してそれが本当であるなら、自分のだけは破るか燃すかしてほしいものであるといっている。樗陰歿後、彼の所蔵の書画は古物市場に出ても、諸家の原稿の使い滓が市場に出ることがなかったのは、うわさが単なるうわさにすぎなかったのか、誰かが機宜の処置を取ったのかのいずれかであろうが、作家にそういう不安を感じさせるようなところが樗陰にあったことだけは否定できないであろう。

滝田樗陰が鯉を愛したことも有名である。村松梢風の追憶記によると、樗陰が数千円を投じて築いた御自慢の庭には、コンクリートで固めたかなり大きな泉水があった。そこに彼は大小さまざまの鯉や金魚を放って楽しんでいたが、何事にも徹底する性質の彼は、しばらくのあいだに百円だの百五十円だのという高価な鯉を幾尾も池に放って喜んでいた。

「どうです？　あれが百円の鯉で、こっちを泳いでるのが五十円です。上等の鯉はやはりちがうでしょう。どこか堂々としていますな。あ、ちょっと、この斑のある奴が百五十円です」

彼は自分の書斎に観魚亭という名をつけて、来客があると、冬でも障子をあけ放って、鯉の自慢をした。そのころ百円の月給取りといえば、紳士階級に属していたから、樗陰の道楽は贅沢の域に達していた。はじめのうち彼は水道の栓を十分にひねって、水を思い切り流していたところ、半期で三百六十円の料金を取られ、びっくりして、次からすこし控え目にした。

樗陰の小説

半沢成二氏の思い出によると、樗陰は女遊びが好きであった。相手は芸者か料理屋の女中にかぎられていたが、彼はあまりモテるほうだとはいえなかった。彼が夢中になればなるほど、女のほうで逃げてゆくので、なかなか成功しなかったが、ただ一人、下谷芸者のおきただけは別であった。彼女は顔立ちの大きな、なかなか濃艶な女で、言葉つきにもおきゃんなところがあった。樗陰は彼女に天神下に家を一軒もたせ、自前にしてやった。

樗陰は死ぬまでおきたに毎月貢いでやった。ところが彼女には一方では白木屋の何々課長という色男があって、樗陰の目を盗んで会っていた。ある日樗陰は、その男とおきたがいっしょのところへ行き合わせた。おきたは度胸をきめて、色男があることを告白し、

「もしいけなかったら、縁を切ってください」

といった。しかし槫陰は思い切ることができなかった。

震災で、本郷西片町の槫陰の家は無事であったが、神田・下谷方面は丸焼けになった。槫陰はおきたのことが心配で、家にじっとしていられず、天神下へたずねていったが、焼け跡には立退き先も書いてなかった。彼はあてもなく上野公園をうろうろさがしまわったが、おきたはどこにも見あたらなかった。

おりから秋雨がしとしと降ってきた。そのなかを、蛇の目の傘をさしてゆく女の横顔がおきたに似ているように思ったので、槫陰は追いついて、声をかけようとしたが、よく見ると彼女はおきたではなかった。そのとたんに、彼は急におきたが可哀そうになって、涙がぽろぽろ出てきた。

その後、槫陰はそのときのことを小説に書いた。あるとき彼は部下の木佐木勝氏にむかって、

「木佐木君、君は原稿を書いて泣いたことがあるかね」

と聞いてから、

「僕は今度、はじめて泣いたよ。見たまえ。ほら、このとおり、原稿が涙でよごれてるだろう」

といった。そして彼はその原稿を読み出したが、上野公園でおきたらしい女に会って人違いだった顚末から、おきたの不幸な半生のことを叙するくだりになると、樗陰は木佐木記者の存在など忘れて、しきりにハンケチで双眼をこすっていた。

しかし、実をいえば、小説を書きながら泣くという習慣は、そのころの文士のあいだから、なくなっていたのである。それはせいぜいで尾崎紅葉あたりまでであった。紅葉が『色懺悔』の序文で、

「この小説は涙をもって主眼とす」

といったのは有名な話だし、紅葉自身、小説を書きながら、作中人物の悲しい運命に同情して涙を流したため、墨で目の縁が黒くなったという話も伝えられているが、まもなく、文壇の空気はそれを冷笑するようなものに変わっていった。たとえば、夏目漱石は次のようにいっている。

「小供はよく泣くものである。小供の泣く度に泣く親は気違である。親と小供とは立場が違ふ。同じ平面に立って、同じ程度の感情に支配される以上は、小供が泣く度に親も泣かねばならぬ。普通の小説家はこれである。彼等は隣り近所の人間を自己と同程度のものと見做して、擦ったもんだの社会に吾自身も擦ったり揉んだりして、飽く

迄も、其社会の一員であると云ふ態度で筆を執る。従って隣りの御嬢さんが泣く事を書く時は、当人自身も泣いて居る。自分が泣きながら、泣く人の事を叙述するのと、それは泣かずして、泣く人を覗いて居るのとは記叙の題目其物は同じでも其精神は大変違ふ。写生文家は泣かずして他の泣くを叙するものである」

漱石がこれを書いたのは明治四十年だから、紅葉がなくなってから四年ばかりたっているが、まるで泣きながら小説を書いたと伝えられる紅葉を、幼稚だと笑うような口吻である。この態度はそのまま『草枕』に書かれている、いわゆる「非人情」の境地であるが、自然主義作家の信奉した「客観描写」も、同じ地盤から出たもので、すでに日本の文学は「涙を主眼」としたセンチメンタリズムの段階をとっくに抜け出していたわけである。

ところが、樗陰がおきたのことを書きながら涙を流したのは、大正十二年で、漱石が上掲文を書いてから、十六年ものちのことである。彼は漱石の生存中、永年にわたって、毎木曜には彼の書斎に現われて、彼と弟子たちとの知的な会話に参加しているはずであるが、彼らの繊細な、陰影に富んだ思想は、この文壇の王様に何らの影響も与えなかったとしか考えられない。漱石がもし生きていて、泣きながら小説を書いて

いる樗陰を見たら、にやにやして、

「君はいったい、あんなにしげしげと僕のところへやって来ながら、何を学んだのかね。君が僕の書斎から得て帰ったものは、僕のへたくそな書画だけではなかったかね」

とひやかしたかも知れないのである。

泣きながら小説を書く樗陰は、また「二百十日」の悪趣味な予告文で漱石を怒らせた男であった。彼はまた、美文を愛好する男であった。この三つの樗陰像を重ね合わせてみると、共通の一点が浮かび上がってくる。それはおそらく、この偉大な編集者の盲点といっていいであろう。彼はたしかに頭脳明晰で、情熱と実行力に富む、愛すべき男であったかも知れないが、文学とか思想とかいうような、脆くて、こわれやすく、繊細で微妙なものを取り扱うには、すこしばかり粗雑な神経を持っていたようである。

にもかかわらず、彼は明治・大正を通じて、どの編集者よりも大きな仕事をなしとげた。最もいい編集者になるには、単なる文学青年以外の、別の能力が必要なもののようである。

第三章　嶋中雄作と波多野秋子

樗陰との出会い

ここで、滝田樗陰の後継者とその周囲について触れてみたい。

嶋中雄作が中央公論社へ入ったのは、大正元年の十月であった。彼はその年、早稲田の哲学科を卒業すると、島村抱月・金子筑水二人の恩師の紹介で麻田社長に面会し、入社をゆるされたのである。そのころすでに名編集者滝田樗陰の名は雑誌界を圧していたし、島村抱月もわざわざ、

「なにしろ君も雑誌界の敏腕家滝田樗陰の下ではたらくのだから、苦労も多いだろうが、やり甲斐もあるというものだ。大いに頑張りたまえ」

と激励したので、彼は緊張せざるをえなかった。

嶋中雄作は明治二十年二月二日、奈良県磯城《しき》郡三輪町に生まれた。父は雄碩《ゆうせき》といっ

て医師であった。雄作は雄碩の四男である。

雄作は三輪尋常小学校・纏向《まきむく》高等小学校・畝傍《うねび》中学校を経て、早稲田大学に学んだ。中学時代の雄作は文学趣味豊かな青年で、涙湖と号して同好の学生とともに三虎会という団体をつくり、これを主宰して同人雑誌『三虎会雑誌』を発行した。ちょうど日露戦争直後にあたる。

嶋中雄作が滝田樗陰にはじめて会ったのは、中央公論社の一室であった。それは本郷西片町の、麻田社長の私宅の二階八畳の畳の上に莫蓙《ござ》を敷いて、その上に二、三脚の椅子と机をならべただけの、きわめて簡素なものであった。まだ学窓を出たばかりで、世間のことに馴れない嶋中雄作は、文壇きっての活動家として有名な樗陰に完全に圧倒されて、射すくめられた形であった。樗陰は彼にむかって何かしきりに話すのだけれど、東北訛が強いうえに、非常に早口なので、何をいっているのか理解できないことが多かった。しかし樗陰は相手の気持に頓着なく、たてつづけに滔々としゃべるので、雄作は太刀打ちできず、ただ黙って聞いているよりなかった。

樗陰は自分のしゃべりたいことだけ、思う存分にしゃべってから、突然立ち上がると、

「さようなら」

といって、キッと口を結ぶと、信玄袋のようなもの――なかにはノートや書物が入っていた――をぶらさげ、梯子段を駆けおりた。例の有名な人力車による著者訪問に出かけたものらしい。

樗陰の人力車は、はじめ善さんという車夫が曳いた。この男は小柄だが、均斉のとれた、筋肉のたくましい、よく走る男だった。そのころの人力車夫は江戸ッ子の気風がのこっていて、威勢のいいのを自慢にしていたが、善さんはその典型のような男だったから、セッカチな性分の樗陰に「善さん」「善さん」といって重宝がられた。

ところが樗陰は例の仕事熱心で、夜の十一時、十二時まで乗りまわすものだから、善さんの疲労は極度に達した。

もっとも樗陰は善さんを、使うには使っても、慰労することを忘れたわけではない。彼は善さんが、よく駆けたといっては五十銭、エラかったろうといっては五十銭、飯を食えといっては一円、それに一本二本のお銚子まで添えて、日に何回もチップをやったが、それはちょうど馬車馬に飼葉をやるようなものであった。善さんはそれに感激して、よく努めたけれど、結局、飼葉は疲労に追いつくことができなかったとみえて、彼はとうとう病いにたおれた。

善さんが一月ばかり姿を見せないので、ある日嶋中雄作が自分の車夫に、

「善さんはこのごろどうかしたのかい」

と聞いたら、

「とうとう滝田さんに曳き殺されましたよ」

と沈痛な顔をした。

滝田樗陰と仕事のうえでかかわりをもつ者は、多かれ少なかれ善さんの立場に立たされた。青竹に入れて焼いた鮎がうまいといえば、一度に十匹も平らげ、安洋食星のカツやテキを一度に四皿も五皿もむさぼり食う樗陰は、雲坪が気に入ったとなると値段にかまわず買い込み、自分の掘り出した新人に毎号たてつづけに書かせる男だった。こういう男といっしょに仕事をしていたら、相手は善さんと同じように、曳き殺されてしまうか、喧嘩別れしてしまうかの二つに一つしかない。

樗陰の下で三年間

嶋中雄作の入社当時は、ほかに編集者がいなかったので、樗陰のこういう性癖から

くる命令や要求に、彼は一人でこたえねばならず、相当苦しんだようである。彼は樗陰の旺盛な、そしてときどき興味の対象の変わる気まぐれな読書熱に調子を合わせるため、分厚い洋書を読破せねばならず、樗陰の猛烈な食欲につきあうため、満腹の喉へカツレツやビフテキや鰻をつめ込まねばならなかった。彼は三年ばかりで樗陰の支配から脱したからよかったが、もし十数年もこの独裁者の下ではたらいていたら、善さんではないが、食らい殺されていたにちがいないといっている。

滝田樗陰の下ではたらいた三年間は、嶋中雄作にとっては雌伏時代だった。五つ年上の樗陰は、それだけで、雄作を弱輩あつかいする理由を十分にもっていたうえに、丸々と肥って赧ら顔の、見るからに精力にあふれた彼は、胃弱のため年じゅう痩せて、不活発な青い顔をしている雄作より、外見も数段たちまさっていたし、外へ出れば、当代きっての名編集長という阿諛《あゆ》と追従に取りまかれている。彼があらゆる問題について、自分の判断を絶対と信じ、独裁的にふるまったことは怪しむにたりない。入社第一日の樗陰と雄作の、優越感と劣等感は、あとあとまでもちこされたのであった。

しかし、滝田樗陰の偉さをいちばんよく知っていたのも、嶋中雄作だったかもしれない。大正十四年、樗陰がなくなったとき、彼はこう書いている。

「何にしても滝田さんはえらい人であった。吾々の及びもつかぬ処のあった人であった。千人に一人、百年に一人の人であるかも知れない。僕は、今にして思ふのだが、雑誌編輯者にとって最も必要なものは熱である。聡明も見識も必要には必要だが、熱の前には殆ど無力である。その熱を、滝田さんは生れながらにして十二分に有ってゐた。僕は三年間滝田さんの下に働いてゐたが、今から思ふと滝田さんは嘸歯痒《さぞ》かったことと思ふ。僕など、時々滝田さんの熱を借りて元気を附けて原稿催促にも出掛けたものだが、根が附焼刃だけに駄目だった。子供が病気にならうが何だらうが、その当時の滝田さんにとっては、そんな事は原稿遅延の申訳にならなかったものだが、僕にはさう行かなかった。これは、当面の責任者とさうでないのとでも別れることで、自分が滝田さんの立場に立って見て初めて解ったことだが、滝田さんの熱心と性急とを以てしては、いやもう察せられることばかりである」(「社内での滝田さん」)

この文章を書いたとき、嶋中雄作は数え年で三十九歳、『婦人公論』の主幹として、若い編集者を指揮しながら、毎号の出来不出来に頭を悩ます立場にたっていたから、かつての樗陰の心事もいくらかわかるようになっていたと考えていいであろう。

嶋中雄作が車夫の善さんのように滝田樗陰に曳き殺されず、あるいは食い殺されず、三年くらいで独立したのは賢明であった。

『婦人公論』生まる

嶋中雄作の樗陰からの独立は、自分の雑誌を一冊もつという形で実現された。そのきっかけとなったのは、大正二年七月の『中央公論』の夏期増刊「婦人問題号」である。これは入社後まだ一年にみたない嶋中雄作が、滝田樗陰に献言して、取り上げられたものであったが、その動機は、たまたま明治から大正へと移り変わろうとするときにあたり、社会の各方面で個人主義・自我尊重の風潮がおこるにともなって、婦人の自覚と解放が叫ばれ、女性の地位の向上がようやく社会の関心をよびはじめたので、その時流に乗ろうとしたものであった。

この時期の空気を、もっとも顕著に反映しているのは、イプセン劇の流行と、いわゆる「新しい女」の集りである雑誌『青鞜』の発行であろう。松井須磨子がはじめて「人形の家」のノラを演じたとき、客席では岡田八千代と長谷川時雨がハンケチを目に当てていたという話がある。

この特集号の評判がよかったことが、嶋中雄作に自信と勇気をあたえた。彼は今後ますます婦人問題が大きく取り上げられるにちがいないと予見して、麻田社長に婦人雑誌の創刊を提案した。提案は受け入れられ、三年後の大正五年一月に『婦人公論』が発行されることになったが、これによって嶋中雄作は滝田樗陰の強烈な個性の羈絆《きはん》を脱し、対等の立場を獲得することができたとともに、この雑誌を育成して、のちには発行部数を拡張し、日本の婦人解放運動の重要な拠点とすることができた。

そのころの嶋中雄作の印象について、村松梢風はつぎのように記している。

「今から三十幾年前、多分大正五六年頃だったらうと思ふ、わたしは中央公論へ中間読物を投書してそれが採用になり、本郷西片町の麻田邸の編輯所で初めて滝田さんに面会したが、滝田さんは其の時二階に居た嶋中さんを呼んで私を紹介してくれたやうに思ふ。嶋中さんは多分其の前年あたり創刊した婦人公論を主宰して居た。若し最初の時紹介されなかったとしても二回目より後ではない。嶋中さんはわたしより二つ年長だ。わたしは二十六七、嶋中さんは二十八九であったらう。わたしは洋服一着持たない貧乏な文学書生であったから、嶋中さんのすっきりした洋服姿が、幾分羨望をまじへて、好個の青年紳士として眼に映った。嶋中さんは特別お洒落でもなかったやうだが、いつでも服装をきちんと整へてゐた人で、頭髪も櫛の目を通し、洋服でも和服でも折り目正しく着てゐた。此の点は滝田さんが、年中和服一点張りで、太い腹にへこ帯を巻き付け、一度も畳んだことがないらしい折目も何もない袴を着け、寒中でも着物の前をはだけて、酒で赤くなった毛もくじゃらの胸を丸出しにしてゐるのとでは好個の対照であった」

半沢成二氏が中央公論社へ入り、『中央公論』『婦人公論』両誌の編集部兼任としてはたらくようになったのは、大正七年二月で、『婦人公論』が創刊された二年後であった。そして、のちに有島武郎と情死した波多野秋子が入社したのは、それより二ヵ月ばかりあとで、桜のつぼみがそろそろふくらむころであり、木佐木勝氏の入社したのは、翌年の七月であった。

入社後四、五ヵ月たったある日、半沢記者はあるアメリカ帰りの哲学者のところへ談話筆記にやらされた。彼はいったん社へ帰ると、ノートをまとめて清書原稿をつくり、検閲を乞うために談話者のところへ郵送した。するとまもなくその原稿は、半沢氏のところでなく、滝田樗陰のところへ送り返され、さらに添書がついていた。それによると、この原稿ではプラトーのことをプラトンと記してあるが、自分はそのようにいったおぼえはない。かかる有名の人の名を書きちがえるようでは、『中央公論』の名誉にもかかわるであろうし、自分としても不本意であるから、この原稿の掲載は拒絶する。もしどうしても掲載したいならば、別の記者をよこしてほしいというのである。

滝田樗陰はこの手紙を受け取るとすぐ、半沢記者の紹介者で本郷神明町に住むW氏のところへ二人曳きの人力車を走らせ、半沢氏の平素の態度・行状などについて不満をならべたてて、進退を考慮してくれと申し入れた。

まもなく半沢氏はW氏に呼びつけられ、滝田樗陰の意向を伝えられた。悄然としていると、氏の夫人が憤慨して、

「滝田さんもすこしひどいですよ。こんなことで人をクビにするなんてこと、あるもんですか。かまわないから、半沢さん、明日も知らぬ顔をして、社へ出てごらんなさい。つらいでしょうが、じっとこらえているんです。滝田さんや嶋中さんが何とおっしゃるか、それによって進退をきめても、おそくないでしょう」

半沢氏はいわれたとおり、あくる朝、いつもより早目に出社した。まもなく滝田樗陰が姿を現わして、半沢氏を見ると、

「君、きのう僕がWさんのところへ行ったことを知っているだろうね」

きめつけるようにいうので、

「はい」

半沢氏は、いよいよだめだと思った。

まもなく嶋中雄作が大島絣の対に仙台平の袴というみなりで、赤いカバンをさげて出社したが、樗陰の声を階段の下で聞いていたとみえて、

「滝田さん、半沢君は僕のほうで引き受けて、使ってみましょう」

といってくれたので、彼の首はつながることになり、大正十三年まで七年間、中央公論社に勤めることができた。

美人記者のうわさ

波多野秋子は絶世の美人であった。彼女を『婦人公論』へ紹介したのは高嶋米峰である。米峰はむかし桜井義肇の『新公論』が『中央公論』から分裂したとき、『新公論』の味方になって、以後しばらく『中央公論』とは縁を絶っていたが、滝田樗陰が編集長になってから、旧に復して、ときどき執筆するようになったものである。

そのころ『日本魂』という雑誌があった。その編集をしていた波多野烏峯（本名春房）という男が、ほとんど毎月高嶋米峰のところへ記事を取りにきていたが、ある日、「じつは僕の女房がこんど学校を出たんですが、文筆の才もありますし、容姿もそう悪くありませんので、訪問記者にでもしたら、もってこいだと思うのですが、どこか然るべきところへ御紹介願えませんか」

といった。そこで米峰は、何か書いたものをもって、一度たずねてくるようにといった。まもなく可愛いお嬢さんがやってきて、波多野の妻ですという。非常な美男ではあるが、六尺ゆたかの大男で、年も相当の波多野と、この可憐な少女とが夫婦という実感は、どうしてもわかなかったが、あとで聞くところによると、烏峯が秋子の家の近くで英語の自宅教授をやっているところへ、秋子が教わりに行き、そのあいだに強要されて夫婦になったということであった。

米峰が彼女の書いたものを読んでみると、なかなかしっかりしている。なお、簡単な談話をして、筆記させてみると、要領を得ていて、文章もいい。これならと思って、麻田駒之助社長に紹介した。

麻田はさっそく彼女を採用することにして、滝田樗陰に紹介した。初対面の波多野秋子の印象について、樗陰はつぎのように記している。

「波多野さんは僕より一廻り下の午年の生れで、当時二十五歳であった。近づいてよく見ると、顔にうっすらと雀斑《そばかす》の見えるのと、一体が少し巌丈に出来てゐて、柔か味と円味に乏しいやうな感じのするのが、欠点といへば欠点であったけれど、背は高く、肉附も程よく、血色もよく、殊に眼が大きく活々と輝き、顔の輪廓や鼻の形などは希臘型で、何処から見ても先づ言ひ分のない美人と云ってよかった。身の扮装《つくり》もキチンと調って、華美《はで》に流れず、地味に失せず、其好みは誰にでも好い感じを与へるに十分であった。起居《たちい》動作《ふるまい》も日本の女としてはハキハキした方で、書いたものなどには溌剌とした才気が溢れてゐた。可なりの素養もあり、才気もあるのに、前に云ったやうな容貌と服装だから、波多野さんを見た人は誰でも『素敵な美人だ』『なか〳〵美《い》い女だ』といはぬものはなかったやうである。殊に波多野さんは遠見の引き立つ人で、一所にカフェーなどに入ると、五つ六つ隔てたテーブルのあたりから『シャンだなあ』などと云ふ、酔っぱらった学生の声がよく聞えたものだ。街上《とおり》を歩いてゐる波多野さんと擦れ違って、振り返らぬ男も女も殆んど無かったやうである。芝居や角力に一所に行っても、随分遠方の方から双眼鏡《めがね》を差し向けてゐるのを見かけた」

波多野秋子は変わった女であった。

半沢成二氏の思い出によると、彼女は半沢氏より一、二ヵ月おくれて入社したので、後輩にあたるわけであるが、先輩のような顔をすることがあった。当時の習慣では、二人で校正するときは、後輩にあたる編集者が声を出して校正刷を読み上げながら、赤インクでなおしてゆき、先輩はただ原稿を見ているだけであった。しかし秋子はけっして自分が校正しようとせず、

「嶋中さんがそういったのよ」

といって、いつも先輩役にまわった。もっとも、彼女は半沢氏より三つ年上であった。

波多野秋子と半沢成二氏は、入社の時期もほぼ同じころで、仕事も共通していたから、いろいろと打ち明けた話をすることも多かった。ある日、いっしょに電車に乗って、吊り革につかまりながら、ほかの社員の棚おろしをしているうちに、秋子は突然、

「半沢さん、これから二人はきょうだいになりましょうよ。いいこと、私が三つ年上だから、姉さんよ、あなたは弟よ」

といった。

「いいこと？　かたく誓ってね。お互いにいたわりあってゆくのよ。そしてね、他の

者が二人の悪口をいったら、きっと知らせてくれるのよ」

半沢氏はまるで狐につままれたような気分で承諾した。明治から大正へかけての若い男女は、肉体的結びつきのない、恋愛ともはっきりいえない程度の、精神的な愛情をおぼえた場合、よくきょうだいになることを誓ったものである。二人はそんなきょうだいになった。

ところが波多野秋子は、半沢氏と二人きりのときは、この三つ下の弟にひどくやさしくて、なにかと忠告したり同僚の陰口をきいたりしたが、他の社員がいっしょのときはガラリと変わって、彼のヘマなやり方や、無作法なやり方を意地悪く笑い物にした。

「この狐め」

彼は大いに憤激するのであるが、二人きりになると、またやさしくしてくれるので、丸めこまれてしまうのであった。

秋子よりすこしおくれて入社した木佐木勝氏も、彼女については同じような記憶をもっている。氏は入社後五日目、八月四日の日記に、つぎのように記している。

「今日、入社以来味った最も不愉快なこと――

退社時刻になったので外へ出ると、偶然波多野女史に会った。帰る方向が同じだったので、一高前から一緒に市電に乗った。座席がふさがってゐたので、吊皮に下がったまま女史と並んでゐたが、彼女はいきなり、『あなたは毎日何をしていらっしゃるの』と聞くので、自分は今は何もすることがないんですと答へた。すると彼女は、『あなた、こなひだ雑誌の発送のお手伝ひをして？』と聞くから自分はしなかったと言った。『これからは発送の手伝ひをした方が好いわ。さうなさいね』彼女ははっきり言った。この言葉が自分にカチンと来た。前の座席の客がいっせいにこっちを見たやうな気がした。自分は何か言ってやりたい衝動に駆られたが、我慢した。何といふ思ひ上がった女だらう。この女は他に乗客が居ることを意識して、自分に向ってあんなことを言ったのだらうか。明らかな侮辱だ。自分は初対面の時から彼女に余り好感を持ってゐなかったが、今日の思い上がった態度はどうだ！　あの冷たい意地の悪い言葉は我慢ができない。美貌を意識した高慢さも我慢ができない」（図書新聞社刊『木佐木日記』）

秋子の母親は新橋の有名な芸者で、父親は相当の実業家だということであった。そして、母親は自分の娘は芸者にしたくないと思って、万事を捨てて教育に熱中し、青山学院を卒業させたということであった。彼女は編集者一同で宴会をやっても、余興にベートーベンの第九シンフォニーの合唱の部を、原語でうたって皆を感服させるほどの教養があった。

『婦人公論』の美人記者波多野秋子の名は、文壇・論壇に知れわたった。あるとき滝田樗陰が芥川龍之介を訪問すると、

「『婦人公論』の嶋中君に言伝《ことづて》してください。他の人には波多野という別嬪がよく原稿を頼みにゆくそうですが、僕のところへは一度もよこさないのは怪しからんですな。今度から他の人がきても書かないといってください」

と笑いながらいった。

『婦人公論』の大正十二年三月号の芥川の「猿蟹合戦」はこのようにして、波多野秋子が行ってもらってきたものであった。

田山花袋なども、樗陰にむかって、

「僕の家内などは大した褒め方で、あのくらいの女《ひと》はちょっとほかにないようにいっているよ」

といった。

青野季吉は、秋子と対座していると、地の底へズーンと引き込まれるような気がしたといった。

そのうち、波多野秋子が行けば、男の記者が頼んでも書かない作家もよろこんで書くという噂がながれ、それにつれて、秋子が慢心しているという噂も生まれた。

ある日、波多野秋子が彼女の中央公論入社の恩人、高嶋米峰のところへ原稿を頼みに行った。米峰はそのとき都合がわるくて断わったところ、秋子はプーッとふくれ面をした。そこで米峰は、

「最近君はだいぶ増長しているそうだ。だれにだって都合のわるいこともあるものだ。原稿を断わられて、いちいちふくれ面をしていたら際限あるまい。もうすこし素直な気持でいなくてはいけないよ」

と訓戒した。秋子は、

「いいえ、けっしてふくれたのではありません」

と弁解して帰ったが、それからプッツリ米峰のところへ行かなくなった（『米峰回顧談』）。

秋子は大正十二年ころ、妻をなくして独身でいた有島武郎と親しくなったが、彼女の夫春房がこれを知って有島を脅迫したので、二人は情死した。『婦人公論』の八月号は、彼らに関する記事を特集した。

第四章　熱と意気の人

臨時増刊「労働問題号」

震災前の中央公論社の編集陣は、『中央公論』＝滝田樗陰（主幹）・高野敬録・木佐木勝・伊藤茂雄、『婦人公論』＝嶋中雄作（主幹）・波多野秋子・半沢成二という構成であったが、ときによって多少の変化があった。たとえば滝田樗陰は『婦人公論』の顧問を兼任し、嶋中雄作は『中央公論』の顧問を兼ねていたが、はじめのうちは何といっても、嶋中が樗陰の意志を尊重しながら仕事をするというかたちをとりがちであったし、半沢成二氏は入社早々のうちは『中央公論』と『婦人公論』を兼務していたが、のち『婦人公論』専属になるというふうであった。

上述したように、滝田樗陰は『中央公論』の最盛期には一部につき二銭ずつ歩合を取っていたが、嶋中・波多野・木佐木・半沢ら各編集者も歩合制であった。ただし、その率はそれぞれの年齢や地位によって変動があり、固定したものではなかったが、いずれも三十歳になるかならないかの年で、二百円ないし三百円の収入になり、ほかの俸給生活者にくらべれば、相当恵まれたものであった。

大正八年という年は、日本の思想界が急旋回をした年である。ロシア革命、第一次大戦の終了、米騒動と、引きつづく大事件に刺激され、物価騰貴と社会不安に動揺した民心は、急流のように社会主義のほうへむかった。

木佐木勝氏の「樗陰と実彦」によると滝田樗陰の思想は、どちらかといえば古風なほうであった。彼はもともと徳富蘇峰や夏目漱石の門に出入りし、三宅雪嶺の日本主義に傾倒するようなところがあったし、日常の趣味でも、バタ臭いものより日本の伝統的なものを愛するというふうであった。

しかし、彼は何といっても編集者であった。彼は彼個人の主張や趣味を別にして、時代がどこへ向かっているか、民衆が何を欲しているかを見ぬく目をもっていた。彼が吉野作造を尊重して、そのデモクラシー論をしばしば『中央公論』に載せたのも、彼の時代に対する感覚の鋭さをものがたるものであった。

そして樗陰は大正八年七月、「労働問題号」を臨時増刊として出した。労働問題・

社会問題は天下の関心事であった。この年の四月に創刊された『改造』が「社会主義研究新進作家集」を出したのは『中央公論』の「労働問題号」より三ヵ月のちであった。

なお、『改造』より一ヵ月おくれて、福田徳三を顧問とし、新人会の宮崎龍介らの編集する急進的な雑誌『解放』が発行された。『改造』は、はじめのうち、古い綜合雑誌の型を漫然と踏襲しただけの、新味のない雑誌だったが、二号三号とたつうちに急速に尖鋭化し、『解放』に劣らず急進的な雑誌となった。

『改造』も『解放』も、はじめのうち『中央公論』からみれば、問題にするに足りない小雑誌であった。『中央公論』はそのとき最盛期で、十万前後の発行部数を誇っていたのに対して『改造』の創刊号は三万部で、実際に売れたのはその三、四割にすぎなかったという。したがって、後には『中央公論』と対立する大雑誌になった『改造』も、大正八年にはまだ群小雑誌のひとつにすぎず、その編集長山本実彦も、滝田樗陰からみれば、駆け出しの小僧にすぎなかった。山本は鹿児島に生まれ、少年時代貧窮の家に育ち、小学校の代用教員・地方新聞記者などを経て、徐々に地位を築き上げた人で、この年三十五歳の働きざかりであった。

好敵手実彦

滝田樗陰と山本実彦がはじめて顔を合わせたときのことを、木佐木勝氏は「樗陰と実彦」のなかで詳しく述べているが、それはおよそつぎのようであった。

いまの大日本印刷の前身、市ヶ谷の秀英舎の、ペンキの剝げかかった木造洋館の二階の狭い校正室は、いつも月の半ばころになると、各社の出張校正で混み合っていたが、ある日『中央公論』の編集部と『改造』の編集部がそこでぶつかった。真夏の暑い日で、樗陰は窓際の床の上に花茣蓙をしいて、サルマタ一つの裸体でその上に仰臥し、洋書を両手にかかげて、低声でペラペラ読んでいた。かたわらの壁には、その日樗陰が表具屋からもってきたばかりの表装したての山水がかけてあった。

そのとき、『中央公論』の連中と隣り合わせていた『改造』の連中が、急におしゃべりをやめて、ひっそりした。すると、ワイシャツ一枚で、片腕に上衣をひっかけた、ずんぐりした体軀の、目のギョロリとした、見るからに精悍な面構えの男が現われた。それが山本実彦であった。

山本実彦は樗陰の前を通るとき、こころもち腰を折って丁寧に黙礼した。樗陰はいくぶん裸体を起こし加減にして、ヤッといって軽く挨拶を返すと、そのまま花茣蓙の上に横になり、こんどは声を出さずに洋書を読みつづけた。山本は社員たちにむかっていろんな注意をあたえたり、工場の人たちと仕事の連絡をしたりしたのち、あわただしく帰っていったが、帰るときもう一度樗陰に黙礼した。その態度は樗陰に対して十分敬意を表し、先輩として礼をとっているように見えた。その後、樗陰と山本はしばしば秀英舎で顔を合わせたが、山本の樗陰に対する態度はいつも変わらなかった。山本が樗陰にそっぽを向くようになったのは、樗陰の晩年、彼があることで山本を怒らせてからのことである。

山本にはじめて会った日、樗陰は秀英舎の帰りに、木佐木氏たちを神楽坂の田原屋へつれていって、ビールを飲みながら、『改造』『解放』等新興誌の批評をしたが、樗陰は『改造』よりも『解放』のほうが旗幟《きし》鮮明で一貫性があるから、将来伸びるだろうといった。いろんな問題について、樗陰の見通しは鋭くて、予言はほとんど的中したが、『改造』と『解放』に関するかぎり、樗陰の見通しはあたらなかった。『改造』と『解放』が発展したのは、時代の勢いであった。大正のはじめから吉野作造らの評論によって民衆のなかに培われた民主主義的な要求は、大正七、八年にいたって、社会主義運動の奔流となり、革命必至の声は巷《ちまた》にあふれた。そのころの代表的評論家中沢臨川はあるとき木佐木氏にむかって、

「商業雑誌で『労働問題号』とか『社会主義研究号』とか銘打ったものを出したのは、日本で初めてだ」

といい、さらに、

「世界の国家は、二、三年のうちにみな社会主義国家になる。日本も必ずその方向に向かうだろう」

といった。そのときの臨川の確信にみちた、しかし、低いしゃがれ声がいまも彼の耳にのこっているという。

左翼化の限界

『改造』と『解放』はこの時流に乗って、どんどん急進的な論文を載せた。これらの雑誌が左翼化することが日本の思想界をさらに左翼化し、それに乗って、これらの雑誌はさらに左翼化した。

しかし、『中央公論』の左翼化には限界があった。大正八年には、中央公論社長麻田駒之助は長者番付に載り、東京府の多額納税議員の選挙に立候補して惜敗するほどの財産家になっていた。そして麻田をそこまでのし上げた滝田樗陰自身も、大会社の社長か重役なみの収入があるようになっていたから、生活意識もブルジョア的になって、その面からも革命をのぞむはずはなかったし、彼自身の思想も、数次の遍歴を経て、円熟の境に達していたから、過激なものを好まず、自由主義より左へ傾くことはなかった。

樗陰は吉野作造・長谷川如是閑の線に止まり、社会主義者でも、安部磯雄・堺利彦までは買ったが、大杉栄・山川均のような急進主義者は敬遠した。彼は大杉栄が訪ねてきても会おうとしなかったし、山川均の原稿が『中央公論』に載ることは珍しかった。

時代の変化とともに社会主義の風潮はますますさかんとなり、急進的な寄稿家を擁する『改造』は月ごとに部数をのばした。木佐木勝氏の回想によると、そのころ麻田駒之助は滝田樗陰にむかって、

「近ごろ『改造』は新人の執筆者をそろえて、活気があふれてきたし、売行きもいい

という評判だが、『中央公論』は寄稿家が定連になってしまって、新鮮味がないという者があります。すこし新人にも原稿を頼んだらどんなものでしょう」

といった。もともと自信家で、自分のすることにすこしでもケチをつけられることのきらいな樗陰は、にわかに色をなして、

「僕はそうは思わないな。『中央公論』の寄稿家が定連ばかりで新鮮味がないというが、あの人たちはみな一流の歌舞伎役者なんです。『中央公論』は歌舞伎座です。歌舞伎座の役者の芸を見たい人だけが『中央公論』を見てくれればそれでいいんです」

といって、麻田社長を突っぱねた。いつも樗陰に頭の上がらない麻田はそのまま口をつぐんだ。

　そばにいてこの問答を聞いていた木佐木勝氏は、樗陰の自信にあふれた言葉に感心しながら、『中央公論』が歌舞伎座なら、『改造』や『解放』は、劇場でいえば何にあたるだろうと考えていた。樗陰の編集する『中央公論』はたしかに堂々として、ゆるぎない貫禄をそなえていたが、まだ二十代の木佐木氏には、どこか重苦しく、反発を感じさせるものがあり、『改造』や『解放』の溌剌とした魅力には及ばないように思われた。これらの雑誌は、いまは、『中央公論』の足元へも及ばないが、そのうち大

きなものに成長するときが来そうに思えてならなかった。

樗陰が麻田駒之助の言葉を手きびしくはね返したのも、『改造』が思いがけず躍進して『中央公論』をおびやかす存在になりそうな気配を見せてきたことに対する不安と焦躁が、心の底にわだかまっていたからかもしれないのである。もし彼が『改造』の存在をまったく気にしないでいられたら、麻田の言葉も気にしないで、笑っていられたはずである。

あるとき、『改造』の編集長兼社長山本実彦が『随筆』という雑誌で、自分の立場を自画自賛的に誇張して書いたところ、樗陰が痛烈な反撃の一文を同誌に寄せた。

まもなく樗陰と実彦が秀英舎で落ち合った。樗陰はいきなり実彦の前へすすんでゆくと、

「こんどあなたの書いたものを読んで、だいぶ悪口を並べましたから悪しからず」

といった。実彦は毒気を抜かれたように、キョトンと樗陰の顔を見上げていた。

しかし、それ以来、山本実彦は滝田樗陰と会っても、そっぽを向くようになった。かつて編集者の先輩として樗陰を敬重する態度をとっていた実彦も、その必要を認めないほどに成長していたわけである。

なお大正時代の『中央公論』における画期的な事件は、右翼に対する批判であった。大正七、八年ころからの社会主義的風潮の激化とともに、それに反発する国家主義者のうごきも活発になってきたが、大正八年には大日本国粋会が誕生し、暴力をもって言論をおびやかすことが多くなった。滝田樗陰はこの風潮を批判する必要を痛感して、大正十二年の新年号には「暴力的団体の存在を黙認する当局の怠慢を糺弾す」という題の特集記事を載せた。筆者の顔ぶれは吉野作造・水野広徳・堀江帰一・三宅雪嶺・安部磯雄・林癸未夫・杉森孝次郎らである。この特集の見出しは、当局の怠慢を糺弾する形になっているが、その真意はもとより暴力団そのものの批判にあったわけである。麻田社長は後難を恐れて、この案に異論を唱えそうにしたが、樗陰は口を出させず強行した。

丸ビルと大震災

中央公論社は『反省会雑誌』東転以来、大正十年までずっと本郷西片町十番地にあった。もっとも、それまでに同じ西片町十番地のなかで三度場所を変えているので、はじめは東転当初の借家であったが、そこを越して別の借家に移った。それは、のちに中央公論社の専務になった松林恒氏の父鎮次郎の家作であったが、やがて麻田邸内の洋館へ移った。

大正十年六月、中央公論社は本郷三丁目に近い東海銀行の三階に移り、二年のちには、東京駅前に新築された丸ノ内ビルディングの七階、七七六区に移った。そのころ丸ビルは三越・帝劇などとともに、日本資本主義の繁栄を象徴する建造物で、その壮麗な白褐色の壁面は、新鮮な感覚に輝いて見え、その一隅を編集所とする『中央公論』は、時代の先頭を切ってすすむジャーナリズムの代表選手とみえた。

東京に大地震があったのは、この年の九月一日である。この日、木佐木勝氏は出がけに戸塚の永井柳太郎の家に立ち寄り、丸ビルの中央公論社へ出てみると、滝田樗陰の家から電話で、母がなくなったと知らせて来た。編集部員一同、取るものも取りあえず、本郷の滝田家へ駆けつけて、くやみを述べたあと、観魚亭の広間で樗陰と話していると、突然はげしい家鳴りがして、地震が来たのである。

木佐木氏はそのまま、避難民の雑沓のなかを大崎まで帰ったが、自宅は無事で、家族にもなんの被害もなかった。

翌日、木佐木氏は本郷まで歩いて、麻田社長と滝田樗陰を見舞った。

三日、木佐木氏はふたたび本郷に樗陰を訪ねた。印刷所の秀英舎は、地震の被害がほとんどなく、遠からず仕事ができるというので、木佐木氏は樗陰から、一応原稿を集めておきたいから、これから毎日様子を見に来てくれといわれた。

四日、木佐木氏は樗陰を訪ねて、十月号のプランを聞くと、さっそく仕事に出動した。帝都復興についての諸家の意見と、大震災遭難の記録が特集である。編集部は当分樗陰の自宅を根拠地とすることにした。

地震の日の正午、『婦人公論』主幹嶋中雄作は、波多野秋子の死んだあとの欠員補充に応募してきた記者志望の女性と面談中であった。編集部員の半沢成二氏は兄の勤め先へ電話をかけていた。ぐらぐらと来たので、半沢氏が電話ボックスを飛び出すと、嶋中主幹と応募の女性とは、間の丸テーブルに両方からかじりつきながら、いっしょに揺られていた。中央公論社は丸ビルの七階にあったから、彼らは東京市民の誰よりも高所にあり、文字通り最高の恐怖を味わったわけである。

動揺がおさまると、彼らは中央公論社を出た。エレベーターは全部とまっていたので、彼らは階段からおりた。半沢氏は嶋中主幹を小石川指ヶ谷町の家へ届けてから、巣鴨の自宅へ帰ったが、夜になって、嶋中家の近所まで焼けているという噂を聞いて、ふたたび見舞いに駆けつけたが、何事もなかった。

翌日も、翌々日も、半沢氏は嶋中主幹を訪ねた。『婦人公論』も、当分編集部を嶋中雄作の自宅に置き、諸家の震災印象記を集めて、十月号を作ることにした。

こうして、『中央公論』も『婦人公論』も、ほとんど震災の被害を受けることなく、続けて発行することができた。もちろん、樗陰の母の死と震災とが、同じ日であったという偶然も、『中央公論』の編集に、何らの影響をも与えなかった。

大食家の健康法

滝田樗陰はハチ切れそうに肥っていて、血色もよく、健康体そのもののように見えたけれど、実際はあまり丈夫でなかったようである。彼は冬になると喘息を病み、晩年には腎臓をわるくして、よく寝込むようになった。彼は震災の年の秋から翌年の春まで病床につき、さらにその年の十一月からふたたび病床の人となった。

樗陰と同郷の画家平福百穂は、彼の病因は過飲過食のためではなかったかと推測している。人一倍大きかったと想像される樗陰の胃の腑は、幾本かの酒と数多き料理を平らげたのち、さらに二、三本のビールを倒して平然としていたうえに、なお気に入った旨い物屋に梯子食いをする余裕を示していた。かつてある料亭で食った鶉がうまいといって、三皿もおかわりをして、四度目にことわられたこともあったし、百穂が国もとから送られた鰰《はたはた》を裾分けしたところ、あとで、

「ヤ、久し振りで鰰を食った。お父さんへは二尾あげて、お母さんや家族のものは一尾ずつ、自分は一度に二十尾くらいは食った。のこった分はまた晩からつぎの朝と一人で食ってしまった」

といった。

　樗陰は健康と活力の源泉は美食あるいは大食にありと信じていた。上述したように、彼は嶋中雄作にカツレツやビフテキをすすめてやまなかったし、麻田駒之助にも、ナポレオンやカイゼルは美食したから強かったのだと説いたという。もしかしたら彼は、健康な者は食欲が旺盛であるという事実の、逆もまた真なりと理解していたのかもしれない。そして、四十前後から健康に不安を感じだすとともに、美食によってその不安を圧倒し、自分自身を健康体だと信じこもうとしたようである。彼の胃袋は、平福百穂が想像したような、特別製でも何でもなかったのに、彼の意欲だけ特別製で、平凡な胃袋へ非凡な食物を詰めこんだのである。車夫の善さんを曳き殺した樗陰は、と

んどは自分自身を食らい殺したといっても、それほど言い過ぎではないであろう。

欅陰歿後まもなく書かれた田中貢太郎の追憶記によると、大正十三年十一月、欅陰が病床に臥す前の晩、彼は欅陰といっしょに下谷方面で酒杯をともにしていた。欅陰はふだんのように声色をやり、秋田訛りで都々逸《どどいつ》をうたった。彼の桃太郎のような顔の額に右の掌をあてて、

「わるい酒でもたべたような、オッ、アッ、アッ、アッ……」

とやる声色は、いかなる酒の席でも聞かされるものであった。

ここでそのころの『中央公論』の編集者たちの隠し芸について概観してみよう。

半沢成二氏の記憶によると、欅陰と嶋中雄作は義太夫に凝っていた。嶋中は関口水道町の兄雄三の家の二階に下宿しているころから、近所の寄席へ義太夫を聞きに行っていたが、結婚して、小石川指ヶ谷町に一戸を構えるようになってからは、二十《はたち》くらいの小娘の師匠を招いて、自宅で稽古していた。

嶋中雄作は自分だけで満足せず、部下の半沢氏にも義太夫をはじめることをすすめた。上長の趣味に迎合するのが、そのころの下僚の習慣であったから、彼もやむなく稽古をはじめたが、欅陰のいわゆる阿武隈山脈の山猿で、無骨者であることをむしろ

誇りとしている彼にとって、この柔媚にして艶冶なる都会芸術はまったく厄介な代物であった。そこで彼は嶋中雄作に向かって、

「一体、あなたのかねがね叫んでおられる女権拡張と、心中や仇討を讃美する浄瑠璃くらい本質的に矛盾したものはないと思いませんか」と抗弁した。嶋中は、

「馬鹿」と一喝して、

「思想と趣味は別だ。浄瑠璃ほど、男女の愛を美しく描いたものはないよ」

「それでも、封建時代の遺物でしょう」

「理窟をいわずに稽古しろ」

女権論者の封建的命令によって、彼は封建芸術に精進することとなった。

嶋中雄作の好きなのは、故郷の奈良県三輪の里にちなんで、小春治兵衛の「天の網島」と「箱根霊験記」のいざり勝五郎と初花のさわりだったし、樗陰は「寺子屋」と「先代萩」を好んだ。こういうところにも二人の性格が現われていた。

社員一同の宴会などでは、社長の麻田駒之助は謡曲をやり、樗陰と嶋中雄作はそれぞれ得意の義太夫をやったが、高野敬録はいくら命令されても、

「いやです」

といって、やらなかった。封建的気分のまだ濃厚にのこっていた当時の中央公論社では、麻田社長や滝田主幹の命令は絶対であって、たとえ宴会の余興にしろ、やれといわれて拒否することはなかなかできなかったが、高野敬録は宴会の空気にまき込まれず、冷然として突っぱねた。

木佐木氏の得意は新内であった。彼は声のかかるのを待ちかねているほうで、大きな掌で額をたたいて、

「ハイ、今晩は。流し屋でござい」といってから、

「四谷ではじめて逢うたとき……」

とやりだすのであるが、素人ばなれのした名調子で、なかなか部下をほめない樗陰も、

「これは傑作だ」と聞き惚れた。

波多野秋子は青山学院で教わった英語の歌をうたった。

彼女はふだんでも編集部へマンドリンをもってきて弾くことがあった。彼女より五つ年下で事務を担当していた根岸亜九里氏は、彼女のマンドリンで「トロイメライ」を聞いて、甘い、美しい、やるせない思いに誘われたことを、いまでもおぼえている。その楽譜には「永遠の別れ」というタイトルがついていた。

半沢成二氏は余興のときは嶋中雄作の命令でおぼえた義太夫をやるのがつねだったが、その場の空気に反発して、杜甫の詩を朗吟したことがあった。すると滝田樗陰が、「半沢君、こういう宴会では、そんな倨傲《きよごう》な詩をうたうもんじゃないよ。君の郷里の会津磐梯山でもやりたまえ」といった。半沢氏が、

「知りません」というと、不興げに、

「会津の山猿にも困る。ひとりで雰囲気をこわしているじゃないか」

といった。樗陰は猛虎のような男で、気にいらぬ相手だと、口をきわめて罵倒し、こきおろし、諧謔を弄し、侮蔑のかぎりを尽した。はじめのうち半沢氏は樗陰に軽んぜられたが、プラトン事件で『婦人公論』専属の記者となってから、二年ばかりたつと、誰よりも彼を尊重し、愛してくれた。彼は根は親しみ深い、温かい人であった。

家庭における樗陰

滝田樗陰の本郷西片町の家は、もとは衆議院書記官長松本君平が、子弟の教育用に住まわせていたが、大正七、八年ころ、樗陰が買い求めて移って来たものであった。

この家は、東京大学の正門前から入った道を右へ折れて、俗に空橋《から》と呼ぶ陸橋（も

とはその下を川が流れていたが、震災後の市区改正で暗渠になった）を渡り、右に入ったところにあった。西片町は『反省会雑誌』東転以来、麻田駒之助の私宅をかねた『中央公論』発行所のあるところであったから、ここへ引っ越して来たことは、滝田樗陰にとって何かと好都合なことが多かった。

この家には六畳くらいの広さの地下室があって、周囲の棚には樗陰の買い集めた陶磁器や骨董の類がおさめられていた。

庭の池には、上述したように、高価な鯉が無数に泳ぎ、二階の書斎からは、晴れた日は富士山がよく見えた。樗陰は徳富蘇峰や夏目漱石や、森鷗外などのところへ上等の紙を持参して「望嶽楼」と書いてもらい、額にして、各部屋にかけて喜んでいた。

樗陰には男の子がなく、静江・春江・菊江の三人の女子があった。何事にも熱中しやすく、全力を傾注しないでいられない樗陰は、この三人の娘を、ほとんど溺愛というにちかい可愛がり方をした。

彼は子供たちが怪我をしたり、病気になったりしないかと、極端におそれていて、あぶないことは絶対にさせなかった。夏休みに大磯へ海水浴にいっても、浮輪があるというのに海に入ることを許さず、多摩川の河原へピクニックにいっても水に近づくことを許さず、途中の汽車や電車の窓から首を出すなとやかましくいい、旅館やホテルに着いても、上等の部屋でさっと休んで、さっと帰った。

樗陰があまりやかましいので、娘たちは、

「お父さまと旅行に行っても、つまらない。あんなにうるさく言われるくらいなら、うちにいた方が、気楽でいいわ」

と、旅行につれてゆかれるのを忌避するほどであった。

次女の春江が小学生のころ、学校から夏休みに富士登山につれてゆくという話があった。しかし、樗陰は万一の危険をおそれて、

「富士山は見るもので、登るものではない」

と頑強に反対して、行かせなかった。

樗陰の胸は、いつも三人の娘への愛で波立ち騒いでいた。

三女の菊江がやんちゃで、次女の春江をぶって泣かせたことがある。そのとき樗陰は怒って、仕置きをするつもりで娘の手をつねろうとしたが、手がふるえて力が入らなかった。樗陰が子供をしかったのは、この時ただ一度で、彼女たちはそれ以外にしかられた記憶を持たない。

檮陰の娘たちに対する教育方針は、何でも一流のものに親しませるということであった。『中央公論』は歌舞伎座で、ここには一流の作家をズラリと並べるのだと自負した彼は、子供のうちから、わかってもわからなくても、一流のものに触れさせて、目を肥えさせる必要があると思っていた。

檮陰は、芝居は六代目菊五郎がひいきで、角力《すもう》は両国・大蛇《おろち》山・能代潟など、郷土出身の力士をひいきしていた。それで彼は、妻と三人の娘を人力車にのせて、歌舞伎座へつれてゆき、国技館へつれていった。そのころアンナ・パヴロヴァは世界的な舞踊家として有名で、彼女が来朝すると、帝劇で一等十円の入場料をとって公演したが、檮陰は一興行に三回も子供たちをつれていった。世界的なものは、子供にもわからないはずはないというのが、彼の信念であった。

食べるものにやかましかった彼は、外でうまい物を食べると、自宅へ土産に持ち帰った。精養軒・帝国ホテル・鉢の木などへは、よく家族をつれて食べに出かけた。時にはコックに料理のコツを教わって帰り、自分で台所へ出て作ってみることもあった。食道楽の男によくあることだが、彼は自分の食べるものを、自分で作ることがすきであった。カレーライスが彼の自慢の料理の一つで、部下の編集者もときどき押しつけられることがあった。茄子や松茸なども、自分で焼かないと気がすまなかった。ここに彼の死の三ヵ月前に、三女にあてた手紙がある。

菊ちゃん――御手紙有難う。皆んな笑ひながら面白く拝見しました。五十銭使ったから明日から倹約するなんて、お前らしくていい。手紙は誰が書いても同じやうで、誰が書いたのかはっきりわからぬやうでは面白くない。どこを読んでもその人だといふ事が分らなくてはいけない。その点お前の手紙はどこまでもお前らしい事をほめておく。颱風といふのであらう、今日は朝からめづらしい強い雨で、海水浴は到底駄目だらう。最初から此の天気で気の毒だ（著者注――はじめ子供の海水浴に反対していた樗陰ものちには許すようになったらしい）。しかし、まだ〳〵先の長い事だから、気をゆっくり落ち付けて昼寝でもしておけ。紅谷《ベニヤ》から一つ一つ紙に包んだ例のコップ形の上等のカステイラと「調布」を送る。夏の菓子としては東京でも最上等なんだからそのつもりで。房州、北条の真黒な女学生さん！　お父さんはだん〳〵よろしいから安心せよ。御菓子は五六日たったらまた送る。今度はもっと安直《アンチョク》でかさばった物にしようか、

アハハハハ、、、
(菊ちゃんは本当はその方がよくなくって?)
今度書く時よく注意せよ
「私が行くについて」は「私が来るについて」の誤り。
「有難う御存います」は「座」の誤り。
「持って」は「待って」の誤り。
「御巣子」は「御菓子」の誤り。
「昨日から少し倹約」は「明日」の誤り。
いくら運動を盛んにしても、飲水《のみみず》の悪いのは充分注意しなさい。

大正十四年七月二十三日

病床の父より(春江筆記)

菊江殿

このように、夏休みの臨海生活に出かけている女学生の娘にさえ、「東京一」の菓子を送るのが、樗陰のやり方であった。

樗陰の一流好きは、そのほかいろんな面に発揮された。彼は娘たちに文房具ひとつ買ってやるにも、銀座の伊東屋まで出かけて、人の持たぬ高級品を選んだ。テニスをはじめるというので、ラケットを買うにも、一流の店へいって最高級の品を選んだ。彼にそういう贅沢を可能にしたのは、月二千円という、ほとんど日本の編集者に前例のない高給であったことは、いうまでもない。

樗陰は貧窮の家庭に育ち、中学でも高等学校でも、たえず勉強して成績をよくし、月謝免除の特待生になったり、県から給費を受けたりして、ほとんど自分の金を使わずに大学を出たが、そういう人に往々見られるように、自分の子女には倹約を強制したり、贅沢をいましめたりすることがなく、むしろ、自分と同じ苦しみをなめさせたくないと思っているふうで、のびのびとたのしい娘時代を過ごさせた。

樗陰は人に物を与えたり、飲み食いさせたりすることが好きで、それがやや強制の気味があったため、嶋中雄作のように、食らい殺されはしないかと、不安を感じた者もすくなくなかったけれど、それによって喜ばされた者の数もすくなくなかった。

樗陰の性格のなかで、もっともうつくしいところは、人を心の底から愛し、親切を尽すという点にあった。その親切が、時には強制の形をとったとしても、それはどこまでも相手のためを思う善意から出たものであったから、憎めなかった。部下の編集者をほめるときは、かならず麻田社長の前でほめ、欠点は、誰もいないところで、本人に直接忠告した。

また彼は、およそ人の陰口をきくということのない男であった。陰険なことや、策略じみたことも、彼の性に合わなかった。

中学時代の樗陰について、こういう話が伝えられている。そのころ、中学の寄宿舎は、消灯時間というものがきまっていて、生徒がおそくまで起きていることは許されなかった。しかし、勉強に熱心な生徒や、読書に夢中の生徒は、規則をおかして、電灯をつけ、光が外へ洩れないように遮蔽して、おそくまで起きている習慣であった。

ある晩、樗陰が電灯をつけて起きていた。すると、見廻りに来た舎監が、足音をしのばせて、うしろに近づいた。樗陰は振り返ると、

「なんと、教育者ともあろうものが、泥棒猫のように、足音をしのばせて人のすきをうかがうつうことがあるか」

とさけんだ。

何事にも全力をあげてぶつかってゆく性質の樗陰は、角力が特に好きで、ひいきの

力士が出ると熱狂して、声をかけた。その声のかけ方にはちょっとしたコツがあって、あちこちから声がかかるときは黙っているが、場内がシーンと静まりかえった一瞬をとらえて、たくみに叫ぶというやり方であった。そして、ひいきの力士が勝つと、さっそく祝儀袋にいくらか入れて届けさせた。

あるとき、樗陰のひいきの力士が勝ったので、上機嫌で帰ろうとしたら、両国橋のたもとに乞食がいた。懐中から金を出して与え、通り過ぎようとしたら、乞食が追いすがって、

「旦那、こりゃ五十銭です。おまちがえじゃないですか」

といった。樗陰は大様に、

「いいんだいいんだ、取っときたまえ」

といって、乞食に押しつけた。

樗陰は父と母とによく仕えた。秋田訛りで「おっとさん」「おっかさん」と呼んで、両親を大事にする様はうるわしかった。

夏の夜など、一家は全部でうちわを持って、本郷通りの夜店へ出かけた。樗陰も以久治も、着物の裾が足にまつわって歩きにくいといって、まくり上げ、帯にはさんで

歩くのだが、娘たちにはそれが田舎風にみえて、いやだった。それで夕涼みにゆこうと樗陰に誘われても、

「お父さまもおじい様も、着物の裾を、帯におはさみになるから、いや」

「ああすると、とても涼しいんだがね」

「でも、田舎の人みたいなんですもの。よその人が見て笑うから、いや」

「よしよし、そんなら、もうしないから……」

「それじゃ行くわ」

固い約束をして出かけるのだが、樗陰も以久治も、帰りには約束を無視して、暗いところへ来ると、裾をまくりあげた。

そういうときは腹立たしく、憎らしい父だったけれど、そのほかのときは、彼はやさしくて、甘えられる父であった。

滝田樗陰はいそがしい人で、夜はおそく帰ることが多く、たまに家にいることがあっても、来客が絶えなくて、子供たちと食事をともにすることはめったになかった。

大晦日の忘年会は、樗陰にとってもっとも楽しい年中行事のひとつであった。彼は数日前から浮き浮きして、いろんな計画を立てて準備をはじめ、二、三日前になると、

父以久治や妻千代子に手伝わせて地下室から皿や小鉢を運ばせ、二階の部屋に並べた。次の間には揮毫用の毛氈が敷かれ、画仙紙・唐紙・色紙・短冊に大小の筆が並べられた。端渓の大きな硯に水をたたえて、三人の娘がかわるがわる墨をすった。

長女静江の記憶に残る常連の客は、布袋和尚のようにつやつやした平福百穂、同じ西片町に住む結城素明、色が黒くて鼻の大きな小杉未醒、ガンジーに似た大町桂月、四角張った顔の横山健堂、てきぱきした口調の高嶋米峰、温厚な長原止水、彼女の好きな字を書く高浜虚子、物静かな森田恒友、額の広い与謝野鉄幹、紅一点の晶子夫人等であった。

夏目漱石は、忘年会の日でなく、別の日に一度来たことがある。そのとき、彼は静江を見て、色紙に、

女の子十になりけり梅の花

と書いてくれた。この「梅の花」は字でなく、絵で描いてあった。

これら当代一流の文人や画家の書画は、もしこれを一人々々に描いてもらうとなる

と、大変な労力と費用をかけねばならないものであるが、大晦日にこれだけの顔をズラリと揃え、一度に書かせることのできるのは、滝田樗陰のほかにはなかった。

病重し

さて大正十三年十一月、滝田樗陰が病いの床につくと、田中貢太郎はかねて人に聞いており、自分でも飲んだことのある楤《たら》の木の服用をすすめた。樗陰ははじめは耳を傾けなかったが、病いが悪化し、尿の排泄がすくなくなって、苦痛が増すようになると、田中の言にしたがった。

楤の木は一時はきいたけれど、樗陰の病気は草根木皮でなおる程度のものではなかった。病勢が昂進して主治医からジキタリスの注射を受けたときは、彼は雑記帳の端に遺言状を書き、辞世の歌まで書きつけるほどだった。

暮れから正月にかけて、樗陰はすこし快方にむかった。暮れの二十三日、木佐木勝氏が樗陰から電話でよばれて自宅へいってみると、樗陰は床の上に坐って脇息にもたれていたが、二月号の手順のことを聞いたり、社のことをたずねたりした。そのあと、彼は鹿持雅澄《かもちまさずみ》の『万葉集古義』を読むことを木佐木氏にすすめたり、秋成・山陽・竹田のことをたてつづけに語ったりして倦まなかった。

二月、三月、㮶陰は快方にむかい、床の上で梅や棕櫚竹の写生をしたり、雛の絵を描いたりしていた。

四月、彼は主治医の外出の許可を待つようになった。

田中貢太郎が㮶陰の死の直後に書いた追憶記によると、五月一日、㮶陰は妻に付き添われて、自動車で丸ビルの中央公論社へ出かけた。半年ぶりの出社である。彼は跡を追って来た田中貢太郎と妻と三人で、ビルの地下の花月食堂で筍飯を食べ、家族の者への土産にと、筍飯を五六人前折に詰めさせ、それを妻に持たせて、一足先に帰したのち、田中と二人で下谷へ行った。田中はただ「下谷の知人の家へ」とだけ書いているが、どうやらおきたの家へ行ったものと想像される。

㮶陰はその日から外出しはじめた。中央公論社へ出たり、相撲見物に行ったり、芝居に行ったりした。料理店へも行ったが、さすがに酒は飲まなかった。自分ではよくなったといっているけれど、昔、林檎のようだった頬はゲッソリとこけ、すこし歩いても苦しそうに荒い呼吸をした。

七月六日、田中貢太郎・村松梢風・松崎天民・宮地嘉六・嶋中雄作らで㮶陰のために全快祝いをひらいた。この全快祝いは、誰が発起したものか、ついにわからなかった。あるいは、樗陰自身が言い出したものかも知れなかった。彼の病状は、冬中にくらべれば、いくらか快方にむかっていたが、誰が見ても、全快といえるものでないことは、あきらかだった。しかし、半年の病床生活にくさくさして、我慢できなくなった樗陰は、友人たちに全快祝いをやってもらって、まるで全快したかのように振舞っているうちに、本当に全快するかも知れないと思ったのであろう。何事につけても、強気の樗陰の考えそうなことであった。しかし、樗陰はこの会に出席はしたものの、苦痛のためながく席に堪えられず、中途で夫人に迎えられて自宅へ帰った。

十二日、樗陰は夫人同伴で、帝劇へ中国の俳優緑牡丹の劇を見に行った。村松梢風が切符を送ったのである。幕間に樗陰の姿が見えなくなって、なかなか帰ってこなかった。よほどたって席にもどると、彼は梢風に耳打ちして、下谷のおきたに会ってきたといった。その日帝劇へ行くことを、前もって知らせてあったのである。

その晩、樗陰は家に帰ると、危篤におちいった。しかし、注射で一時もちなおし、その後、病状は一進一退した。

この七月の『中央公論』は新人作家諏訪三郎の小説「ふぉっくす・とろっと」を載

せた。諏訪三郎は筆名で、本名は半沢成二、大正七年以来中央公論社員として、滝田樗陰と嶋中雄作の下で働いていた人である。

半沢氏はもと作家志望で、編集のかたわら、佐藤春夫の門に出入りしていたが、大正十三年の十二月、春夫の紹介で『改造』に「応援隊」という作品を発表した。

これは当時としては、いささか異例のことであった。『改造』は『中央公論』の競争誌で、しかも『中央公論』を圧倒しそうな勢いを見せているときである。中央公論社には、社員は無断で他社の雑誌に寄稿すべからずという内規があったが、彼はそれを無視して『改造』に作品を載せようとしたのである。そのとき滝田樗陰と嶋中雄作が半沢に対して同情的であったのは、彼らが経営者でなく、従業員だったからであろう。同僚の木佐木勝氏は、そのころすでに作家志望の夢を捨てていたが、それでも強い嫉妬を感じたといっている。

樗陰自身も、そのすこし前には、小説を書きながら涙を流したと、半沢成二――諏訪三郎にむかって告白しているくらいであるから、半沢氏が、

「『改造』で僕の小説を載せてくれるといっていますが」

と諒解を求めたとき、平気ではいられなかったろうけれど、それでも、

「『改造』で載せるというなら、僕のほうが載せてあげてもいいんだがね。ただ、社員は他社の雑誌の執筆すべからずという規則があるからなあ……君が社をやめたら、載せてもいい」

といった。

そして半沢氏はまもなく中央公論社を退社したが、樗陰は病床に喘ぎながら、「ふぉっくす・とろっと」を『中央公論』に載せて、その前途を祝福してやったのである。むかし、入社早々の氏を阿武隈山脈の山猿と呼んで笑い物にし、プラトン事件で危くクビにしかけた樗陰も、その後数年のうちには、氏の素朴な外見の内にひそむ豊かな人間性と正義感を見直していた。彼は死を前にひかえて、かつての部下にもっともすばらしい贈り物をしたのである。

七月十七日、国民新聞社の新築地鎮祭に臨んだ徳富蘇峰は、平福百穂から滝田樗陰が重態だと聞いて、平福とともに即刻、樗陰の病床を見舞った。

樗陰は重態を伝えられた人と思えぬほど元気で、蘇峰たちにいろいろと話しかけ、愛蔵の書画を取り出して、題字や画讃の揮毫を乞うた。蘇峰は、ほかならぬ病人のいうことだからと、汗だくになってこれに応じたが、前もって平福百穂から、樗陰は重

病人のくせに医者のいうことを聞かず、周囲の人も困り抜いていると聞いていたので、

「君もこれまでは、太く短く生きてきたが、もう年も年だから、これからは、すこし身体を大事にして、細く長く生きるように心がけたまえ。君が全快したら、僕は君の前で裸踊りでもなんでもするよ」

と激励した。


樗陰が重態と聞いて、見舞いに来た人のなかに、下谷のおきたがあった。次女の春江はこのとき十六歳、巣鴨の十文字高女の三年生で、この女が何者とも知らなかった。姉の静江は十九歳で、府立第二高女を卒業したばかりだったが、およそのところを知っていたとみえて、

「不潔な人よ」

と怒っていた。


彼女はこのころ、樗陰の郷里の秋田県土崎港の素封家加賀谷家の長男保吉氏と婚約がきまったばかりであった。樗陰は、秋田は寒くて淋しいところだし、東京で育った娘には住みにくいかも知れないといって、この縁談にあまり乗り気でなかったが、父の以久治が、秋田には先祖代々の墓もあることだし、孫のうち一人くらいは嫁がせて

おけば、土地との縁が切れないといって、熱心に進めた。

樗陰の病状は次第に悪くなった。彼は苦しくて横臥していられないので、革張りの腕椅子を作らせ、これに掛けて、三人の娘たちにかわるがわる肩や背や腕をもませた。娘たちはそのたびに二十銭、五十銭、と小遣いをもらうので、貯金がふえるのをたのしみにして揉んだが、しまいには樗陰の着ていた黄八丈の絆纏がボロボロに擦り切れた。

樗陰は一方では、治った治ったと言い触らし、友人たちに全快祝いをしてもらうほど強気だったが、一方では、もしかしたら自分は再起できないかも知れないと思うこともあったらしい。このころ彼は次のような短歌を作っている。

病めるわれを心にかけて年長《うえ》な児の早引けにして家に帰りし
早引けに帰りしわが児肩をたたき背をさすりて薬をのます
三十年の昔おもへば訳もなくただ訳もなく涙し流る
見果てねどまた見あきねどわが夢は四十三年の意味深き夢

八月に入ると、樗陰の症状はさらに悪化した。十一日、彼は玄関に次のような貼り紙をして、訪問客に面会をことわった。

小生腎臓及び喘息を病みて、昨冬より本年四月まで半歳以上に亘り一室に籠居て五月より無理を顧みず外出せる為め却て病を激せしめたる気味あり、七月初旬に至り俄然心臓の衰弱を来たし半日以上の人事不省廿本の注射によって幸に蘇生したるも、全身の疲労と神経昂奮より来る不眠の為め絶対の安静を主治医より命ぜられ、御見舞下さる知人朋友の方々に対し失礼を重ね来り候処、近時全快に近しとの噂あるやにて急にお訪ね下さるる向あるも、事実は病勢一進一退一昂一低の有様にて、医師よりの厳命も有之

当分の中御面談御遠慮下され候様願上候

大正十四年八月十一日

滝田哲太郎拝

この貼り紙をしてから二、三日後に、読売新聞記者が樗陰を訪ねて、「コレクショ

ン拝見」という記事にするため、その所蔵の書画・陶磁器・骨董類について談話を求めた。樗陰はわざわざ床から起き上がり、白絣に夏羽織という姿で父以久治といっしょに応対したが、その写真が『読売』紙上に載ったとき、金太郎のように肥って血色のいいふだんの樗陰しか知らない人たちは、あっと驚いた。彼はすっかり痩せおとろえて、年寄くさくなり、並んで写っている父とほとんど同年輩のようにみえた。

なお、この記事にあげられた樗陰の所蔵品は、古いものでは大雅・雲坪・南湖・南溟・穂庵、新しいものでは漱石・百穂・未醒・恒友・芋銭・晶子・虚子・蘇峰・桂月・花袋・鳴雪・小波、その他あらゆる現代作家を網羅していた。

樗陰はこのとき記者にむかって、自分のうしろに立てた漱石の二曲一双の屏風を示しながら、次のように語った。

「この屏風は僕の一番大事にしているものだが、理解ある人に譲りたいと思います。僕は近いうち、娘を嫁入りさせねばならないし、長らく病床についているので、金が必要なのです。震災前には五千円といわれたものだが、三千円くらいなら手離してもいいと思っています」

屏風は玉版箋全紙に、

始随芳草去　又逐落花回
風狂螢堕草　雨驟鵲驚枝
白鷺沙汀立　蘆花相対開
夜静溪声近　夜寒月色深

と書かれてあった。

秋が深まるにつれて、樗陰の容態は悪化の一路をたどった。尿の排出がとまり、全身に浮腫《むくみ》が生じたので、肩や手足の皮膚を切り破り、水気を取るという療法が施された。

しかし、やがて後脳が犯されて、視力に故障を生じ、物が二重に見えるようになり、また言語の明晰を欠くようになった。

十月六日、長女の静江が秋田県土崎で加賀谷保吉氏と結婚式を挙げた。樗陰の健康は、とても秋田までの旅行に堪えられそうもなかったので、吉野作造と麻田駒之助が、親代りについていった。

結婚式に付随する雑事がひととおり片づくと、樗陰は中央公論社を退く決心を固めた。

退職願と感謝状

樗陰は吉野作造を通じて、麻田駒之助に退任の意を表明し、退職金五万円を与えられんことをもとめた。麻田駒之助は、樗陰は何事にかぎらずずいぶん無遠慮にいう男だが、金のことではいまだかつて法外な要求をしたことがなかったといって、これを快諾した。

樗陰の退職願ならびに感謝状の文面はつぎのとおりである。

「中央公論」主幹退職御願ひ

私儀

「中央公論」と関係を結びしより満廿二ヶ年。勿論最初明治卅六年九月出京して、同年十月初めて本誌と関係を結びし際は、僅かに「海外新潮」と称する泰西の新聞雑誌の切抜の翻訳者たるに止まりしが、現在の「主幹」＝雑誌の経営者・編輯者。

原稿の閲読者・取捨者。或は校正小僧の兼務＝となるまで、満廿二ヶ年間は「中央公論」と僕とは殆んど一身（ママ）同体にして、「中央公論」は僕の権化の如く、僕は「中央公論」の分身の如く、世間も爾か云ひ、僕自らも爾か信じ、「中央公論」ありての僕にして、また僕ありての「中央公論」なるかの如く言ひ倣され来りしが、僕不幸にして数年前より腎臓を疾み、延いて心臓の極端なる衰弱を来たし、遂に尿毒性の脳症状を起して、俗に所謂中風の如く、手足の自由と言語の明晰を失ひ、従来の如き活動は、到底想ひも依らざるに到りしは、返す返すも残念の至りに御座候。目下の病状を以てすれば、身を暖地に置きて心を閑寂の境に游ばしむるより外、是れが対策無きが如くに候。依而茲に断然意を決して『中央公論主幹』の地位を抛ち、一両年風光明媚にして気候海内第一の称ある富士山下、静岡湾の辺りに優游して心身の恢復に駑（ママ）力せんと欲し候。若し万一幸にして多少活動の余力を得ば、勿論其力を「中央公論」の発展の為めに捧ぐべきも、先づ第一に総てを忘却して病気療養の為めに費やすべきを至当と信じ候を以て、是に此の『中央公論主幹退職のお願ひ』を呈する次第に御座候。何卒衷情御憫察の上御聴許の程願上候。

頓首

大正十四年十月廿日

前『中央公論主幹』

滝田哲太郎 ㊞

『中央公論社長』

麻田駒之助殿

麻田『中央公論社長』に対する感謝の辞

前『中央公論主幹』

滝田哲太郎 ㊞

今回別紙『中央公論主幹退職御願ひ』に在る如き理由を以て、満廿二ヶ年間殆んど僕と一身同体たりし「中央公論」と相別るることの如何に悲痛なるかは、固より今更ら申上るまでもなき事に御座候。今後一意専心療養に駑力し、御厚誼に酬いたき決心に御座候。退職につき、吉野作造博士の仲介を煩はし、金伍万円也を頂戴致せしこと一向ら感謝仕り候。以前已に大正七年末満十五ヶ年勤務を以て金壹万円也を頂戴し、次に大正十二年末更に満五ヶ年に該当するを以て金五阡円也を頂戴し、当時の契約書に従へば、今次退職の砌《みぎ》りは、今回頂戴せしものの幾分の一しか頂戴するの資格なきを、寛大にも今次の如き多額の贈与を賜はりたるを深く御礼申上候。

勿論小生は「中央公論」の今日あるは、小生の力多きに居るを自負致し候も、一方貴下が万事を小生に委せられ候事が其根本原因と、其点深く貴下に感謝致し候。小生の病気いくらかよろしく相成り、自ら筆記者等に口授する力丈けでも恢復したる暁には、先づ第一に『日本ジャーナリストの廿余年』たる一書に於て、此の事を一般世人に公けに致し度き所存に候へ共、先づ不取敢個人的に貴下に申し上げ置き候。「中央公論」は公器なり。私情を以て去就を決すべきに非らず。是れ小生が今涙をも落さずして断乎『主幹』の地位を離るゝ所以。切に貴下の御諒解を乞ひ申候。

書余万々御面会の上。　頓首再拝

大正十四年十月廿日

前『中央公論主幹』

滝田哲太郎　㊞

『中央公論社長』

麻田駒之助殿

二伸　両三日前脳症の小発作ありて右手の自由を失へし為め悪筆一層の醜を加ふ。お恥しく存じ候。よろしく御判読願上候。　三拝

この時樗陰のために退職金要求の仲介をした吉野作造は、前年の二月、東京帝国大学を退官して、朝日新聞社に入り、評論の筆を取る予定であったが、多年にわたり彼の攻撃にさらされていた軍人と官僚は、結託して、彼の失脚をはかり、その講演と論文のなかの片言隻句をとらえて、責任追及の火の手をあげ、朝日を退社するのやむなきに至らしめた。それと同時に、吉野作造は『中央公論』に執筆することも公然とはできぬ立場に追い込まれたが、そうなると、彼はたちまち生活問題に直面することになる。

滝田樗陰はそれを心配して、相当多額の見舞金を贈るように麻田駒之助社長に説いた。吉野作造のデモクラシーは、多年にわたって『中央公論』の表看板で、その発展は、彼の力によることが多かったから、麻田社長は樗陰のいう通りに金を出したが、こんどは樗陰のために、吉野作造が麻田社長を説いたのであった。麻田駒之助の私財はそのころ、百万円を越えるといわれ、東京市の長者番付にも載り、多額納税議員の候補にもかつぎ上げられるくらいであったから、樗陰への五万円の退職金はけっして

法外なものといえないというのが、関係者のあいだの一致した意見であった。

中央公論社退職の決意を固めるとともに、滝田樗陰は静岡県清水の町はずれに転地療養することを計画しはじめた。

清水の話は村松梢風から出たものであった。それは鉄舟寺境内の別荘で、清水港と富士山を真正面に見る無類の景勝地であるが、ちょうど夏以来あいていると梢風がいうと、樗陰は目を輝かして、

「それで、庭もありますか、そして流れも引けますか」

といって、

「僕はね、田舎へ行ったら是非泉水へ天然の流れを引いて、鯉や金魚を飼って楽しみたいと思ってるんです。これは僕が社へ行ったときからの願望なんです。その真似して、うちであんなことしてみたんだが（著者注――観魚亭のことをさす）、水道税ばかり取られて、それで魚はだんだん弱って来るんだから、やっぱり天然の流れでなけりゃ面白くありませんや」

そして、思い立ったら一日も一刻も猶予できない樗陰の性分は、発病以来なおさらはげしくなっていたので、彼は村松梢風にむかって、すぐにも清水へ行って、その別

荘を借りる交渉をして来てほしいと頼んだ。

彼は清水で、三十年にわたる雑誌記者生活に接触した人物の批評と印象記をまとめるつもりで、梢風にむかって、

「僕は永年『中央公論』を編集して来たけれど、ことによると、今度書こうとしている書物のほうが、社会に役立つかも知れないのだ」

といった。しかし梢風は心中ひそかに、『中央公論』を編集して来たことより大きな文化的貢献が、一編の作品や一冊の書物で成し遂げられようとは考えられないと思った。

村松梢風は十月の末に中国へ旅行する予定でいたのであるが、樗陰の転地が実現すると、当分その面倒を見るため、東京と清水を往復しなければなるまいと思い、渡航は延期することにして、船切符を郵船会社へ返却した。

しかし、清水の別荘は、持ち主の都合で、借りられなかった。

しかし、その必要もなかった。村松梢風がその報告にいったとき、樗陰はすでになくなっていたのである（村松梢風「最後の十日間」）。

樗陰の容態が急変したのは、十月二十七日の朝であった。

前夜、樗陰は珍しく気分がいいといったので、妻も子供たちも、手足をさする必要

がないと思って、安心して眠ったが、朝六時、楞陰は胸が苦しいと訴えた。医師が来て、注射をしていったので、いつものように気分が恢復することと思っていたが、よくなる様子はなく、ますます苦しがった。

楞陰がもう一度注射をしてほしいというので、医師を呼びにやったが、医師が来る間も待てず、楞陰は苦しがった。

父以久治や妻が、かわるがわる手足や背中を揉んだが、そのうち、楞陰はガックリと首を垂れ、目をつむった。

息は絶えていた。

父以久治が、

「なんと、哲。もうこれきりか。あわけねなあ」

と、悲痛な声をあげた。あわけないとは、秋田弁で、あっけないとか、はかないとかいう意味である。

あちこちへ知らせが出され、人が集まって来た。

長女静江は秋田へ嫁いでからも、たえず東京の父のことが気になって、一日も早く里帰りがしたかったが、地方の旧家には、親戚や縁者がたくさんあり、それらに一軒ずつ挨拶回りをするだけでも、思わぬ日数がかかって、なかなか帰ることができなかった。

彼女がようやく秋田を出発したのは、結婚式の三週間後で、樗陰のなくなった当日であった。汽車が出るまえに、知らせの電報が届いたが、婚家先の人たちは、彼女の悲しみを気づかって、わざと知らせなかった。彼女は無邪気に、父との再会のよろこびを胸に描きながら、東京へ向かった。

自動車が本郷の自宅の近所まで来ると、電柱に「滝田家」と書いた黒枠の紙が貼ってあるのに、彼女はハッと胸を突かれた。

玄関に駆け込むと、

「姉さん……」

泣いてすがって来た妹に、そのまま倒れかかりそうになった。

告別式

告別式は十月三十日午後、本郷赤門前の喜福寺で執行された。一時に霊柩車が遺骸を乗せて式場へ到着することになっていたが、嶋中雄作は、

「滝田さんはセッカチだから、きっと時間前にくるにちがいない」

といった。その言葉のとおり、霊柩車は定刻前に寺の門を入ってきた。

会葬者は寺の境内に満ち、当代の文壇・論壇・画壇の人たちがことごとくここにあつまった観があった。まことに明治以来、滝田樗陰ほどその死を惜しまれた編集者はなかった。

しかし、各方面から寄せられた弔電のなかに一通、

「ザマアミヤガレ」

とだけで、発信人の名前のないのがあった。人を好き嫌いすることの激しい樗陰によって、最後まで拒否された文士の一人からであろうと想像された。

滝田樗陰の生前の生活は奔放なものであったし、一年余りの療養生活のための入費もかさんだので、死後に整理してみると、方々に借財があったことがわかり、五万円の退職金はその返済のために消えた。というよりも、その整理のために、彼は麻田駒之助に五万円を要求したのであった。

一方、彼が好きであつめた書画骨董や、自分で揮毫をもとめた蘇峰・漱石等現代大家の書画の蒐集も多かったから、これを売り立てた金も数万円になり、遺族は安定し

た生活をいとなむことができた。

　大正十四年十二月号の『中央公論』は、樗陰と生前交際のあった論壇・文壇・画壇の人たちの文章をあつめて、「滝田樗陰追憶記」特集号とした。その顔ぶれは、徳富蘇峰・吉野作造・平福百穂・三宅雪嶺・徳田秋声・田山花袋・正宗白鳥・小山内薫・谷崎潤一郎・里見弴・菊池寛・村松梢風ら三十五名であった。このなかで、社長の麻田駒之助はつぎのように書いている。

「重き病の床に就て後も彼の精神的活動はなかなか旺盛であった。瞑目後一昼夜を過ぎても尚ほ両脇に多少の温かみを感じたことを主治医は不思議がって居た。歿後三昼夜にして愈々最後の訣れを告げた時も、彼の相恰はいささかも崩れなかった。側に寄て見るに、斯かる場合必ず感ずべき筈の死臭といふものがしなかった。能く高僧伝などに説かるる名僧智識の死床に於ける奇瑞といふやうなものを私は故人の最後の床にも見た様な感がした。是れ皆彼の精力絶倫の天賦が然らしめたものではあるまいか。

　この天賦の絶倫の精力が実に大部分わが中央公論の編輯に現れたのである。その業蹟の功罪は次々に諸家の論評に譲るとして、若しそれが少しでも社会文運の進歩に貢献したとせば、彼亦以て瞑するを得べきである。……」

樗陰歿後

滝田樗陰が正式に中央公論社を退いた直後、麻田駒之助は樗陰の部下の編集者高野敬録・木佐木勝・伊藤茂雄を招いて、今後は三人の合議によって『中央公論』を編集するようにと申しわたした。

これまで三人は、何から何まで滝田樗陰に命令されて動いた。およそ自分で判断したり、自分で決定したりする必要はなかった。ところが、突然何もかも自分でやらなければならなくなったのである。滝田樗陰がどんなに偉大な編集者であっても、どんなに博学達識の士であっても、三人の編集者にはまた、別の意見がないわけでもなかった。また、樗陰は好悪の念の激しい人であっただけに、その判断はかたよりやすく、一度かたよると、誰が何といっても改めなかった。

樗陰が引退するということは、三人の編集者にとって、偉大なる指導者を失うということで、もとより悲しむべきことに相違なかったが、半面からこれを見れば、強大な圧迫者・独裁者が取り除かれたことにもなる。いまこそ、これまで押えられていた創意や改革意見を、自由に実行にうつすことのできるときである。三人はこれまで鬱積していたものを、思いきり吐露して、改革方針を検討した。

改革の第一は、情実を断ち切ることである。樗陰がこれまでに発見し、養成した作家・評論家は、もとよりそれぞれに優秀な才能の持ち主であるが、なかには樗陰の個人的な好みから重用されたと思われる人もある。まずこれを改めることである——こうして、田中貢太郎・松崎天民・村松梢風・生方敏郎らの中間読み物作家は遠ざけられた。しかし、その結果が、『中央公論』の売行き減少となったことは、すでに記した通りである。

合議制による編集部の改革方針の第二は、新しい分野の開拓であった。かつて滝田樗陰によって駆け出し扱いされた山本実彦の『改造』は、震災後ますますさかんになった社会主義的風潮に乗って発展をつづけ、いまや『中央公論』と併立する雑誌になった。樗陰は麻田社長に『改造』を見習えといわれたとき、憤然として『中央公論』は歌舞伎座だといったけれど、若い編集者の目から見ると、そういう言い方自体が、時代感覚の欠如を意味している。やはりもっと新しい執筆者を起用すべきであろう。ことに、これまで樗陰が頑張っていて書かせなかった『改造』系の筆者、たとえば、青野季吉・平林初之輔などにもっと書かせるべきである——こういう抱負のもとに、彼らは革新の意図を実行に移した。編集長は年功で、高野敬録である。

しかし『中央公論』はだんだん生彩を失い、部数が低下してきた。これはかならずしも三人の編集者の非力のせいとも考えられないであろう。寄稿家のほうで、樗陰のいない『中央公論』に張合いを失って、多少とも内容の落ちたものを書くということもあったろう。世間のほうで、名編集者滝田樗陰という伝説的なレッテルのはがれた『中央公論』に魅力を感じなくなったということもあろう。いずれにしろ『中央公論』は沈滞して振わず、高野敬録は一年後に辞職した。

そのうち、社長の麻田駒之助も、中央公論社を嶋中雄作に譲り渡して、引退した。『中央公論』がふたたび滝田樗陰時代の権威を取り戻すまでには、なお数年の歳月を経過しなければならなかった。

もっとも、広津和郎氏の意見によると、『中央公論』の部数の低下は、樗陰在世のうちからすでにはじまっているので、そのおもな原因は、彼が寄稿家の選択において、自分の好みに偏しすぎ、新しい時代に順応することをしなかったからであるという。『中央公論』はたしかに権威であったが、時代は高野敬録や木佐木勝氏が敏感に予見したように、新興の階級運動を燃え上がらせるほうにむかったのである。そして、樗陰歿後、高野や木佐木氏がおくれを取りもどそうと立ち上がったときは、すでに数年にわたる実績を持つ『改造』に追いつくことができない状態になっていたが、その責任はほとんど樗陰が負うべきものだったろう。そうだとすると、樗陰はたとえもっと生き永らえたとしても、『中央公論』衰頽の運命を免れなかったかも知れないので、彼はもっともいい時期に死んだということになりそうである。

樗陰の父以久治は、樗陰の死後、茫然として毎日を過ごしていたが、翌年胃癌を発して、息子の跡を追うた。

樗陰の妻千代子は、残された次女と三女を育てて、昭和三十九年まで生きた。

長女静江さんは秋田市土崎港に健在。その良人加賀谷氏は土崎町長、県会議長等を勤めた。

次女春江さんは三重県の素封家西村氏に嫁して、現在東京渋谷に健在である。

三女菊江さんは、東洋音楽学校を出て歌手になった。そのデビューのときは、かつて樗陰の庇護を受けた文壇大家が、こぞって後援したので、舞台より客席のほうが豪華版だと評判になった。彼女は藤原歌劇団でプリマ・ドンナを勤めたが、昭和二十四年、病歿した。

あとがき

中央公論社は昨年、創業八十周年を迎えるに当たって、その社史を編纂することを、私に委嘱した。若いころの数年間を中央公論社員として過ごしたことを、何よりの誇りともすれば、なつかしい思い出ともしている私にとって、この仕事はたのしい義務であった。私は調査部の岩淵鉄太郎氏ほかの協力を得て、この仕事に従った。私の書いた社史は『中央公論社の八十年』という題で印刷され、関係各方面へ配られた。内容はいたって不備なものであったが、これを読んだ人の中には、おもしろかったといってくれた人もあった。

この本の中で、私がもっとも力を入れて書いたのは、滝田樗陰に関する部分であった。それは必ずしも、彼が『中央公論』の発展に寄与した功績の大きさの故ばかりではなかった。むしろそれは、彼の矛盾に満ちた、欠陥も多少ある、しかし情熱的で牛一本な性格に、私が興味を持ったからであった。

ふつう社史というものは、いろいろの配慮から一人の人物の性癖や言行の叙述に深入りしないものであるが、私は樗陰に関するかぎり、ついその常則を破って、他との均衡を失するほど、彼のことを語りすぎたきらいがある。しかしそれは、樗陰がそれに値するほど面白い人物だったからである。中央公論社もまた、寛大にも、私が自分の趣味に淫するのを許してくれた。

本書はこの『中央公論社の八十年』の中から、樗陰に関する項だけを抜き出して、独立の読み物としたものである。もと市販されることを予定して書かれたものでないので、叙述や描写の適当でなかったところはこの際改めたし、中央公論社全体の歴史の一部分として書かれたため、前著では省かれた樗陰の個人的な挿話や、家庭生活の裏面なども、新しく書き加えた。また、中央公論杜の歴史や、むかしの社内の事情、経営の内情なども、樗陰という人物を理解するに必要な程度に略述した。

なおまた、前著を執筆するときわからなかったことや、誤解していたことも、この際訂正しておいた。したがって、両書の記述に一致しない部分があったら、本書のほうが正しいと承知していただきたい。

『中央公論社の八十年』を執筆するにあたって、諸先輩の著書を参考にしたが、引き続き本書でも利用させていただいたのは、次の諸書である。

嶋中雄作編『回顧五十年』（中央公論社）

『中央公論社七十年史』（中央公論社）

半沢成二手記「嶋中雄作さんと私」（未刊）

木佐木勝著『木佐木日記』（図書新聞社刊）

同著「樗陰と実彦」（『図書新聞』連載）

高嶋米峰著『米峰回顧談』（学風書院刊）

高橋長蔵著「ジャーナリズムの先覚者・滝田樗陰」（『ふるさとのひと』所収）

なお当方のぶしつけな質問に応じて、快く回顧談を提供された広津和郎・松林恒・加賀谷静江・西村春江の諸氏、取材にあたって協力を惜しまれなかった秋田魁新報文化部長井上隆明・秋田県立図書館副館長相場信太郎諸氏に謹んで感謝の意を表する。

昭和四十一年十一月

杉森久英

滝田樗陰追憶記

吉野作造
谷崎潤一郎
芥川龍之介
菊池　寛
山本実彦

滝田君と私

吉野作造

滝田君と始めて相識ったのは大正二年の晩秋であった。此夏私は欧洲の留学から帰て大学の教壇に立たのであるが、新しい帰朝者の誰しも経験するように、直《ただち》に雑誌経営者諸君の襲う所となった。その中で滝田君は一番遅くやって来た方で、初めて訪問を受けたのは十一月の初め頃であったと記憶する。

初対面の挨拶が終って滝田君は、自分も私と同じ東北の出身で且《かつ》仙台二高を出たということ、私の親しい誰彼とは高等学校以来同窓の誼《よしみ》があり之等を通じて私の噂も聞いて居たということなどを述べ、続いて中央公論との関係やら又雑誌経営上の抱負などを吹聴《ふいちょう》されたが、それから先の言分が振《ふるっ》て居る。今でも鮮かに記憶して居るが斯《こ》うだ。自分が貴君を訪ねたのを多くの雑誌経営者が新帰朝者というと直《す》ぐかけつけるという様な月並の来訪と思われては困る。そう思われたくないから夏以来わざと今まで差控え、そうして其間ひそかに貴君を研究して居たのです。貴君には寄稿家としては固《もと》よりだが、其上種々の点に於て先輩としての格別な御交際が願いたくて上りましたというのである。人を煽《おだ》てるような所もあり又人を馬鹿にしたような気味もあり、初対面の際だけに一寸失敬な奴だと腹では思ったが、まアまアと此点はいい加減にあしらって、寄稿だけを引き受けた。そして日米問題に関する考察を寄せて其年の十二月号に載せたのが中央公論に於ける私の初陣である。

それから後は滝田君は随分まめにやって来た。私は一つには教師としての最初の年なのと又一つにはそう手慣れても居なかったので、一々其要求には応じ得なかった。それ程暇がないなら私が筆記しましょうというので、迂《う》っかり乗て書いたのが大正三年四月号の民衆運動論である。此頃まで実はあまり雑誌に書くことに興味を有《も》たなかった。口授を筆記して呉《く》れるという彼の熱心にほだされてちょいちょいやって居る中に、段々本当の興味は湧いて来る。やがて欧洲大戦が始った。近く欧洲の形勢を見て来た私として自《おのず》から心の躍るを覚えざるを得ない。加之《しかのみならず》戦争の発展と共にデモクラシーの思潮が湧然として勃興する。そこへ滝田君は再々やって来ては私をそそのかす。到頭《とうとう》私は滝田君の誘導に応じて我から進んで半分雑誌記者見た様な人間になって仕舞《しま》ったわけだ。之を徳としていいのか悪いのか、兎《と》に角《かく》滝田君は無理に私を論壇に引っ張り出した伯楽である。

欧洲戦争勃発後私は殆《ほと》んど毎号中央公論に筆を執《と》るようになった。去年大学をやめて朝日新聞社に入るまで、一二度病気か何かで休んだ外は、我ながら能《よ》くも毎月まめに書いたと思う。併《しか》し之には滝田君の力が大《おおい》に加って居ることを隠すことは出来ぬ。第一には滝田君が自ら筆写の労を取て呉れたことである。一両年前から私は思う仔細《しさい》ありて一切《いっさい》口授をやめ、最近は自分で筆を取て居るが、大正三年以後約八九年間の論文は、僅々《きんきん》数篇を除くの外は、概して滝田君の筆記に成《なっ》たものである。而《しか》して滝田君は元来頭が出来て居るので、筆記中私の議論に不満があると無遠慮に之を指摘する。之に依て言い足らぬのが補われ、不注意の欠陥がどれ丈《だ》け訂されたか分らない。一寸思い出せぬ字句が君に依て巧《たくみ》にうずめられたことなどに至ては数限りもない。第二には滝田君がよく問題を持て来られたことである。外の用事に忙殺されて今月は何も書くことはないなどとぼんやりして居ると、同君がやって来て斯う云う問題はどうの此の点は斯う考えられぬかのと、何や彼や言い合って居る中に、私の頭には何時の間にか一つの意見が纏《まと》まって居る。それを書いて見ようという気になり、乃《すなわ》ち改めてまた同君の筆写を煩《わずらわ》すことになる。滝田君は十分書ける頭をもって居りながら出来る丈け自分は書かず何とかして人に書かせるという方針を執て居たらしく見える。此方針を彼は容易に破らなかった様だ。是れが雑誌経営に於て彼の大に成功した所以《ゆえん》であると思う。第三には永くやって居るうちに滝田君は私の気持や言い表し方を十分に呑み込み、筆記したものを自分で仕上げ大に私の労を省いて呉れた。初めは清書したものを私は丁寧《ていねい》に訂正したものであったが、最後の二年ばかりは、口授し放しで後の仕上げは万事同君にまかしたのであった。為に時に飛んでもない間違が印刷されたこともないではないが、大体に於ては能く私の言わんと欲する所を現わして呉れた。之等の点に於て私は大に滝田君に感謝すべき理由を有って居る。

　斯んなことを永々と書いたわけは、滝田君が中央公論主幹としての社会的地位も高まり公私両面に於て段々多忙を極むる様になっても、口授の筆記などいう機械的のつまらぬ仕事を自分でやられたという点を力説したい為である。部下には高野君や木佐木・伊藤の諸君もある。口授の筆記位なら之等の諸君でも勿態《もったい》ない位なのに、万已《や》むを得ざる場合の外、御大将自ら出馬して容易に他人にまかせないのは、穿《うが》って言えば寄稿家の自尊心に阿《おも》ねる巧妙な操縦法とも観られるが、そんな無用の遠慮なしに深く交るようになった私から見れば、どうしても中央公論に全心全力を注いだ同君の熱情の然らしめた所と云わなければならない。滝田君は中央公論のためならどんなことでも厭《いと》わなかったのである。

私と段々親しくなり始めた頃、滝田君はよく斯んなことを云った。今まで政治問題といえば政党領袖の誰れ新聞界の誰れに頼んで書いて貰ったが、どうも浅薄で意にみたぬ。之からは思想家に頼んで見ようと思う。そうすると始めて心ある青年をも納得《なっとく》させる様な実のある議論を紹介することが出来るに違ないと。彼が此の考をどれだけ実現したかは茲《ここ》に詳しく説くの要はなかろう。兎に角社会上政治上の実際問題と思想家とを連絡せしめた点に於て彼は慥《たしか》に草創の功を収むるに値し、従って中央公論も此点に於ては先駆者たるの名誉を担《にな》うことが出来るのである。

所が去年の春頃遇《あっ》た時、また斯んな事を云って居た。流行評論家としての思想家の中には、徒《いたず》らに空理空論を弄《もてあそ》びその実行的価値を頓《とん》と顧《かえり》みない人がある。世の中が斯う進んでは、ああした軽佻な議論を横行させては困ると。年のせいで穏健になった気味もあろうが、所謂思想家の間に好悪の色分けをし、時流に抗しても嫌だと思う側の議論には紙面を割《さ》かぬというささか頑《かたくな》な意気込を示して居た。之も雑誌の上に多少その俤《おもかげ》を留めぬでない。

私は私の立場で滝田君と話し合て居ったのであるから、私の知らざる方面で同君にどれ丈けの伎能あったかは私に能く分らない。が、私の専門の関する限り、同君は実に聡明なる理智の持主であった。自分に其気があったら彼は立派な評論家になれたろう。少くとも彼は六《む》つかしい論文を読んで立派に之を判断するの能力を備えて居った。聞く所によると、同君は文芸の作品に付ても優れたる批判力があったとやら。それかあらぬか、大家の寄稿を持って来ては茲処《ここ》がいけない彼処《かしこ》が弱いなどと無遠慮に批評するのを度々聞いたこともある。

彼の趣味がいろいろの方面に亙《わた》って居たことに付ては別に語る人があろう。深く習わずして事物の真髄を直観する天才的能力の持主であった一例として、私は次のことを憶い出す。六七年前のことであるが、社用で毎日腕車《わんしゃ》で飛び廻る道すがら、ちょいちょい骨董店を覗《のぞ》く癖ある彼は、本郷の場末の古道具屋で二枚折の小屏風を眼に留めた。誰の筆か分らぬが余程出来がよさそうだというもので欲しくなった。代金十五円の持合せがないからとて突然私の処へ飛び込んで来たので今でも能く私は之を記憶して居る。それから数月の後私は食事に呼ばれて同君の宅に往《い》った。何という人であったか書画の鑑定に長《た》けた老人も同席して居られたが、其処へ例の屏風が持ち出されると、其老人は之は素敵だ、之は狩野なにがし（此の方面に不案内な私は今其名を覚えていぬ）の筆でなくてはならぬ、それにしてはこの印が違うがなどと云て居られた。やがて印譜を調べることになる。するとそれが右なにがしの若い時に使った印だということが明になり、結局十五円の屏風が時価何百円もする名家の筆だということになったのであった。その時その老人は、斯んな道楽を始めてから一年にもならないのに斯うした掘出し物をする眼識には恐れ入ったと賞めて居られたのであった。

画のことはどうでもいい。つまり斯うした独特の眼識を各方面に亙って有って居たということが、雑誌経営者としても彼をしてあれ丈けに成功せしめた基《もとい》となるのだ。彼は名に依って物を判じない。雑誌も商品だから名を全然無視するわけに行かないと云われて居た。けれども彼は名を離れて先ず実を見た。故に彼は実に依て無名の士をどんどん世間に紹介した。其の代り実が名に伴わないと誰の前でも無遠慮に之を指摘する。是は彼の性格にも依ろうが、一つは少しでも雑誌をよくしたいという熱心からも来る。その上多少の自信もあるから、相手の名を気兼するようのことは決してない。之が為に神経質な文士論客の自負心を傷けて無用の誤解と反感とを買ったことも屢々《しばしば》ある様に思うが、其代り情実や行掛りに捉えられて下らぬ原稿を負い込むというようなことは決して無かったと思う。

彼はよく斯んなことを云って居た。雑誌小説は概して終末が拙《まず》いものです、つまり雑誌社から居催促をされつつ書き終るからでしょうと。又大家の創作について斯んなことをいうのも屢々聞いたこともある。どうもこのところが気が抜けてしまった、斯んな風に書き改めたらどんなものでしょうと。そう云ては能く自分の納得のゆくまで書き改めて貰ったものらしい。私の論文に付ても同じ様なことは再々あった。而して彼の進言は多くは肯綮《こうけい》に中《あた》って居た。斯うした改訂の要求は可なり無遠慮であったが、併し只の一度も彼が私に無断で訂正したことはない。外の人に対しても多分同じことであったろうと思う。要するに斯うした態度は親しみの浅い人には無礼と思われたかも知れぬが、段々人柄が分って見ると、今度は何とも云って来ないから書き誤りや感違いもなかったと見えると寧《むし》ろ私《ひそ》かに安心する様になったのであった。

ある有名な閨秀《けいしゅう》作家が処女作を発表するとき、滝田君が思い切て沢山の改訂と注文とを提出し作家がまた一々之に承服して其要求を容れたという話を私は知って居る。その結果作物がよくなったかどうかは私には分らぬが、其時の滝田君の肩の入れ様は大変なものであった。それから暫《しば》らく後のこと、第二か第三の作物発表のとき同じ様な無遠慮な注文をしていると、偶然居合した家人が雑誌記者の癖に作家を侮辱しているとと認めたものか大変に怒られ、其結果暫らく出入を止められたことがある。斯んな内輪話を書いたら、中央公論の寄稿家諸君のうちには思い当る方もあるだろうと想像さるるが、滝田君の一面を明にする為にはどうしても語らずに置けぬ逸話だと信ずるのである。

もひとつ斯んな話しもある。或る有名な大家に或る問題につき特別の寄稿を請うたことがある。出来て来たものを見ると案外に拙い。斯んなものを出してはこの先生の為にもよくないでしょうねと私にも相談を掛けられた。それでも正直に云って返せば必ずその逆鱗《げきりん》に触れるというが明白であったので、彼は遂に之を没書にして仕舞った。そうしてその先生には社員の疎忽《そこつ》で原稿を紛失したとか何とか言い繕《つくろ》って特に鄭重な御礼だけはしたようであった。

滝田君と私とは親しく交ったばかりでなく雑誌のことに付いても色々と相談を受けたのであった。一部の人からは私が単なる一寄稿家としての外何等かの特別関係を社中に有って居るかに誤解された程であった。之れ程立ち入った相談をし合ったに拘《かかわ》らず、彼は決して私の推薦する原稿なり寄稿家なりを私の推薦なるの故を以て嘗《かつ》て聊《いささか》でも好意を以て迎えたということはない。斯の方面に於て彼の冷酷は氷の如きものであった。而して私は寧ろ此点に彼の天成の雑誌経営者たる所以を認めたのであった。雑誌のためとなれば彼は常に独自の判断を貫く。容易に他の言を聴かない。故に彼の心神の健全である間は、彼の編輯には毎に潑溂《はつらつ》たる生気と陸離《りくり》たる光彩とが横溢して居ったのである。

彼が雑誌編輯に独特の方針を定めると、社長麻田君をしてさえも一言も容喙《ようかい》せしめない。編輯に付ては絶対的専制君主でなければ満足しなかった。その反面に於て、社長麻田君が陰忍自遜絶対に滝田君を信頼して一切を委《まか》せ切ったその寛容をも認めなければならぬ。麻田君と滝田君との関係に付てモ一つ言て置かなければならぬことは、麻田君は社長として自ら営業方面を主裁し、滝田君の英雄的放漫なる活動にも拘らず、よく経済方面を整頓し編輯部をして後顧の憂なからしめたことである。滝田君はよく社長が消極的でこまるなどとこぼしていた。併し麻田君までが滝田式放胆主義者では中央公論は疾《と》うの昔に潰《つぶ》れて居たろう。是に於て私は麻田滝田の両君に於て天の配剤亦《また》妙なる哉《かな》と歎賞せざるを得ない。

ここで麻田君のことを説くのは適当でないかも知れぬが、滝田君を伝える為には之も必要だから已むを得ない。滝田君は麻田君の堅実一点張りの経営方針には生前決して満足していなかった。又あの気性で満足する道理もない。併し彼が一旦重き病に罹《かか》り心気漸く静穏に息《いこ》う様になると麻田君が斯くまで絶対に自分を信認して呉れたこと、又長年の間あれまでの自分の我儘を通して呉れたことに、大なる感謝の念を抱くようになった。死なれる前私は故あって屢々遇ったが、彼はこの事を再々繰り返し、達者になったらこの事を是非書いておきたいなどと云っていた。愈々《いよいよ》病の篤《あつ》きを知り、よし命を取り止め得ても容易に元通り活動し難かるべきを観念して、主幹辞任の旨を麻田君に申出づることになったとき、彼は家人の諫止をもきかず、病を押して無理に自ら筆を取て可なり長い書面を綴った。それに這《こ》の感慨がよく書き現されて居る。偶然のことから私がそれを取次ぐことになった。事情已《やむ》を得ずとして其の申出が受け容れられ、社からは巨額の見舞金を贈られたが、そのいきさつにも亦面白い話がある。辞任の申出をするとき、滝田君は自分で麻田君の必ずや厚く自分を労《ねぎら》うべきを私に語られた。転じて麻田君にこの事を図《はか》ると、氏は固より其意ある旨を打明けられ、且滝田君は元来金のことは随分無遠慮にいう方だが曽て無鉄砲なことを申出でたことはない。彼に若《も》し何等かの期待あらば全部無条件で之を容れ彼に出来る丈の満足を与えたいということであった。更に之を滝田君に伝えると、平気で幾何額と云う。而して麻田君は一言の異存もなく之を快諾して翌日直に万事を解決せられたのである。滝田君の満足は言うまでもなく、之に関連する雑事を悉《ことごと》く解決せられて後両三日にして溘焉《こうえん》として逝かれた。麻田君が中央公論を以て天下の公器とするの外、その経営を以て之を一人に私せず、事実に於て之に関係する諸君の共同の事業とするの高義が、亦実に滝田君をしてあれ迄に縦横無尽に活躍せしめたことを思う時、この両者の真実の関係は滝田君を知る上に於て亦一緊要事たりと謂《い》わねばならぬ。而して私がここに之を説くは、或る意味に於て滝田君の最後の遺嘱《いしょく》をはたす所以でもある。（十一・九）

滝田君の思い出

谷崎潤一郎

僕が滝田君を初めて知ったのは、明治四十三年のことで、その時分僕は神田南神保町の両親の許にいた。滝田君は誰の紹介もなく、その神保町の家に訪れて来たので、会ってみると、三田文学へ出した僕の「飈風《ひょうふう》」と云う小説が面白かったから、「中央公論」へ何か書いてくれと云う話であった。その時僕の書いたのが「秘密」と云う短篇で、それが僕の小説の「中央公論」に載った最初のものであった。その次に書いたのが「悪魔」前篇で、その時分僕があまりずべらをしたものだから、ちょっと仲違いの様になったが、それから一年位の間は、滝田君の方からも頼みに来なければ僕の方からも行かなかった。そのうちに長田幹彦君か誰かを介して、「もう何とも思っていないから何か書け」と云う話で、「悪魔」後篇の筆を執った。その頃の滝田君は、ちょうど今の改造社長山本君の如く精力旺盛で、原稿の催促なら京大阪まで追っかけて来る勢であった。それで「悪魔」の後篇を書いた時には、築地の下宿屋に付きっきりで、僕が鉛筆でどんどん書く、それを傍から受け取って滝田君が清書すると云う熱心さ、遅筆の僕も最後は夕方から夜までかかって、一気に二十枚近くも書いた。「あなたがこんな勢で毎日原稿を書いたら倉が建ちますね」と滝田君は笑っていた。その下宿には木村荘太君もいて、その晩三人で葡萄酒を飲んだ。その時のことは滝田君も何かに書いていたようだが、今になると一番思い出が深い。その後、滝田君は始終やって来て、雑誌「改造」が生れるまでの僕の創作は、殆んど「中央公論」に載ったと云ってもよい。滝田君の催促は非常に巧妙で、別にくどくどしゃべるのでなく、門口に俥を待たしたまま「御免」と云って玄関に現われる、そして、土間に立ちながら忙しそうに二言三言云うだけで、五分か十分で帰るのだが、それが一種の気合とでも云うのか、実にききめがあった。いやだと思っても、あの赭ら顔のはち切れそうな様子を見ると、どうしても断り切れなかった。

「僕は君の顔を見ると、まるで試験が来た様な気がする。」といったことがあった。

滝田君の創作を見る眼は、鋭くはあったが偏っていた。殊に晩年は一層偏って来たと思うが、しかし自分のいいと思うものは商売気を離れて賞讃し、必ずしも流行を趁《お》わず、一定の自信と方針とを持って編輯の任にあたっていたのには敬服する。

　最後に滝田君は、死を覚悟して太く短かく生きようとするように見えたが、それなら君は徹底的に自分の主義を貫いた訳だ。しかし此の間聞くところによると、晩年には何処かへ転地をして、物欲を絶ち、静かに余生を楽みたい気もあったと云う。それならもう少し早く気がついてくれればよかった。なかなか聡明な人だったから、そう云う閑寂な境地に這入ったなら、又別な風格を出したと思う。それとも人間はどんなに覚悟をしていても、死際になると、そう云う弱い気になるものだろうか。

　とにかく今死んでも当人は口惜しくないか知れぬが、もっと生かして、又別の滝田君を見たかったと思う。文壇の名物男がいなくなったのは、矢張りわれわれに取っては寂しい。

滝田君と僕と

芥川龍之介

滝田君はいつも肥っていた。のみならずいつも赤い顔をしていた。夏目先生の滝田君を金太郎と呼ばれたのも当らぬことはない。しかしあの目の細い所などは寧ろ菊慈童にそっくりだった。

僕は大学に在学中、滝田君に初対面の挨拶をしてから、ざっと十年ばかりの間可也親密につき合っていた。滝田君に鱒鮨の御馳走になり、烈しい胃痙攣を起したこともある。又雲坪を論じ合った後、蘭竹を一幅貰ったこともある。実際あらゆる編輯者中、僕の最も懇意にしたのは正に滝田君に違いなかった。しかし僕はどういう訳か、未だ嘗て滝田君とお茶屋へ行ったことは一度もなかった。滝田君は恐らくは僕などは話せぬ人間と思っていたのであろう。

滝田君は熱心な編輯者だった。殊に作家を煽動して小説や戯曲を書かせることには独特の妙を具えていた。僕なども始終滝田君に僕の作品を褒められたり、或は又苦心の余になった先輩の作品を見せられたり、いろいろ鞭韃を受けた為にいつの間にかざっと百ばかりの短篇小説を書いてしまった。これは僕の滝田君に何よりも感謝したいと思うことである。

僕は又中央公論社から原稿料を前借する為に時々滝田君を煩わした。何でも始めに前借したのは十円前後の金だったであろう。僕はその金にも困った揚句、確か夜の八時頃に滝田君の旧宅を尋ねて行った。滝田君の旧居は西片町から菊坂へ下りる横町にあった。僕はこの家を尋ねたことは前後にたった一度しかない。が、未だに門内か庭かに何か白い草花の沢山咲いていたのを覚えている。

滝田君は本職の文芸の外にも書画や骨董を愛していた。僕は今人の作品の外にも、椿岳や雲坪の出来の善いものを幾つか滝田君に見せて貰った。勿論僕の見なかったものにもまだ逸品は多いであろう。が、僕の見た限りでは滝田コレクションは何と言っても今人の作品に優れていた。尤も僕の鑑賞眼は頗る滝田君には不評判だった。「どうも芥川さんの美術論は文学論ほど信用出来ないからなあ。」——滝田君はいつもこう言って僕のあき盲を嗤っていた。

滝田君が日本の文芸に貢献する所の多かったことは僕の贅するのを待たないであろう。しかし当代の文士を挙げて滝田君の世話になったと言うならば、それは故人に佞《ねい》するとも、故人に信なる言葉ではあるまい。成程僕等年少の徒は度たび滝田君に厄介をかけた。けれども滝田君自身も亦恐らくは徳田秋声氏の如き、或は田山花袋氏の如き、僕等の先輩に負う所の少しもない訳ではなかったであろう。

僕は滝田君の訃を聞いた夜、室生君と一しょに悔みに行った。滝田君は所謂観魚亭に北を枕に横わっていた。僕はその顔を見た時に何とも言われぬ落寞を感じた。それは僕に親切だった友人の死んだ為と言うよりも、況や僕に寛大だった編輯者の死んだ為と言うよりも、寧ろ唯あの滝田君と言う、大きい情熱家の死んだ為だった。僕は中陰を過ごした今でも滝田君のことを思い出す度にまだこの落寞を感じている。滝田君ほど熱烈に生活した人は日本には滅多にいないのかも知れない。

滝田氏について

菊池　寛

自分は、滝田氏とはあまり交渉のなかった方だ。中央公論に執筆する作家にも滝田氏係りと然らざるものとがあった。即ち滝田氏直接依頼催促するものと、他の記者がやるものとの二つだ。むろん、これは待遇上の区別でなく便宜上そうなっていたのであろう。自分は、滝田氏係りでなく、新進作家の昔より、ずっと高野敬録氏係りである。今から、七八年前牛込榎町の陋巷に住んでいたとき、外出先から帰って来ると、三尺位な狭い路次の入口に自用車が止っている。おや、自分の家へ来ているのかな、そうだとすると噂にきく滝田氏の自用車かな（その頃の自用車は現在の自動車に比敵した）と、胸を躍らせて、家賃九円五十銭の家には入って見ると、中央公論から来ていたことは来ていたが、それは滝田氏ではなくて高野氏であった。滝田氏に初て会ったのはそのとき頼まれた原稿が、中央公論に載ってからである。そのときは、中富坂にいたが、滝田氏が高野氏と同行して来られて、夕飯に自分を誘って燕楽軒を御馳走してくれた。

その後、滝田氏の鑑識に叶って、「忠直卿行状記」以下の出世作を中央公論で発表することになったから、自分も滝田氏のおかげを蒙った作家の一人であろう。滝田氏は、自分が発見した作家乃至は自分が世に出したと思う作家には、ひいき強い方で、自分などもその一人として、近来は間に合せな物ばかり書いていても、中央公論からは優遇されていたのである。

その後、集会の席上とか、三四度催促に来られた外は、殆ど会ったことはない。だが、集会の席上で会ったりすると、非常になつかしそうに例のせき込んだ調子で話しかけられた。

最後に会ったのは、今年の六月新橋演舞場の廊下で「菊池さん、しばらく」と呼びかけられたので振り返って見たが、あまりに痩せているので、一寸見忘れる位だった。咄嗟には、芝居関係の芸人か何かのように、きゃしゃに見えたほどであった。令嬢を二人同伴して居られたが、氏としては最後のもっとも楽しい一夕であっただろう。こうして、死なれて見ると、その時の思出は、長く残るだろう。とにかく、自分の作品なども、十二分に高く買って（稿料のことでない）くれた人として、長く感謝の心が残るだろう。

思い出すままに

山本実彦

いつも同じ秀英舎校正室で左翼と右翼とにわかれて校正に従っていた滝田さんの死は私にとりて尤も思い出の多い一つである。殊にそれが世間から競争雑誌として目せられて対立していた関係があるだけに私にとりては、すべての人と異った感情の浮ぶのはやむを得ぬことである。私はいま氏と共に校正していた同じ部屋で追懐の一文をかかねばならぬ因縁を不思議に思う。

滝田さんと私とは性格の似通った所が極めて多いように思う。短気で癇癪で思うことをズンズン平押しで行く、従って雑誌の上にもその性格がよく現れていた。ただ私は芸術の鑑賞力に至っては到底氏の如く自信がないので小説、説苑等の採択も合議制を実行していた、尤も私も「改造」を始めてから早や七年になるので多少の自信も出てこないでもないが、この点は将来とても自分一人で決めないつもりだ。一二年前であったが雑誌「随筆」で、滝田さんは私の編輯方針に対して無定見だと非議されたことがあった。私は或点ではムットしたが、しかし大体に於てその見方が妥当であると思った。尤もその雑誌が出る前に滝田さんは私の校正台に来られて「実は雑誌『随筆』である作家のことを難じてついあなたにまで非議の筆が及んだことを御詫びします、どうか悪しからず」と鄭重に釈明せられてお互に笑い合ったこともあった。

第一に氏の功績の認むべきは「中央公論」を綜合雑誌として成功せしめたことである、こうした類型は世界にまだ一つもないのである。論説、説苑、創作と殆んど我民衆に必須な智識と趣味とを等分に供給する文化普及の第一義を達成されたことは、立派な一個の大学のなし得るだけの偉きい事業をなされた。私どもはいまの学校教育なるものが沙漠のように乾燥なもので人生の情的方面に何等触るるところなく、またその時代の背景を有する教育家の少ないのを遺憾に思っている。滝田さんは学校教育に欠陥せる芸術、思想の方面に驚くべき貢献をつまれたのだ。

維新以来我国の政治を我物顔に振舞うた藩閥や軍閥と永い間力争をつづけられてデモクラシーの徹底につとめられたことは我が国民の忘れてはならぬものの一つである。尤も華かな立役者として吉野大山両氏の存在は誰しも知っていた所であったろうが、その蔭武者たる滝田さんの功労も決して両氏に譲るべきものではないと思う。大正八年の初頭マルキシズムの昂揚さるるまでの論壇は「中央公論」の独舞台であったのであった。

第二の功労は我文壇の開眼者としての努力である。この点は私が喋々せないまでも誰しも知り切っておるところである。

滝田さんが、校正室にあって一章一文を校正しておるさまを傍から見ておると、或は首をかしげたり、軽く舌鼓を打ったりなぞして何でも茶をたてる名人が一滴又一滴を舌の先きで味うがように味わっていた、その芸術上に於ける私との立場、趣味は違っているにしても雑誌編輯に没頭三昧に入ったあの姿は羨ましいかぎりであった。

滝田さんの強味は「中央公論」の編輯に専念する事が出来ることと、豊富なる経験を有することと、多趣味の生活を有することにあった。私の場合は俗務が多端で「改造」の編輯に専念の出来ぬところ、経験の不足と趣味に徹底せざる所にあった。従って粗笨と罵られ、一貫した芸術上の見方がないとの私への罵声は甘んじて受けねばならぬときが多かった。

滝田さんは雑誌記者を志して、そして雑誌記者で終始した、芸術鑑賞家乃至は批評家として終始した、生活も、趣味も自己の欲する雰囲気で成長し、奮闘し、往生を遂げた。齢は短かったが真に悔いのない一生であったろう。

私は「改造」を創刊してからいつも滝田さんの存在を誰よりも強く意識せなければならぬ立場にあったが、いかに締切りが切迫しようが、悠々迫らずしてコツコツ校正しておらるる状態を見ては名状しがたい感に打たれることが多かった、こうしたことは半ば経営のことを考量せねばならぬ私の立場では出来ないことであった。私は新聞記者や雑誌記者に随分数多い知己もあるがこういう「名人肌」の人を見たことはない。

思想問題に対する造詣がどれほどあったかは私は知らないところであるが、綜合雑誌の編輯者として性格、趣味、経験等より考えて氏以上の適任者はなかった、少くとも過去に於てはなかった。

梅ヶ谷や大蛇潟に一点似たような性格を有つ滝田さんの赭ら顔を回向院で見ることが出来なくなったのもさびしい一つだが、それよりはそう云うドッシリした性格を我雑誌界に失うことが文壇にどれほどの損失であるか。

巻末エッセイ

父・滝田樗陰の思い出

西村春江

父は朝の早い人でした。あんなに多忙な生活を送った人なのに、もう六時頃には、寝ている私たちを「起きろよ、起きろよ、皆起きろ」と節をつけ、指で顔を突ついて起すのです。日曜日であろうと夏休みであろうと、そうして私たちを起し、朝食は皆が揃って頂きます。ちなみに父は、兵隊歴は輜重兵であったとか。その軍隊時代の生活が、そのようにさせたのでしょう。

西片町のころ

住んでいた西片町の庭には、細長いコンクリートで固めたかなり大きな池があり、左右に橋がかけてありました。右の方には石橋、左のは真中が土で両端に細長く芝生を置いた一風変った橋で、これは父の好みで作らせたものでしょう。池には満々と水を湛え、その中に大きさ七、八寸から一尺ぐらいの鯉が勢いよく二十数尾。白、あるいは赤、そして赤と白の混じっているものや、白と水色、白、赤、黒、水色のぶち等種々ありました。この鯉は平和博覧会が不忍池の傍で開かれた時、父が選んで買ったので一尾いくらと、ずいぶん高い鯉がたくさんあったようです。素焼の底の広い鉢に、玉子を割り入れて焼いたものを水の底に置き、鯉がスーイスーイと食べるのを見て楽しんでいました。この池に面した部屋を父は観魚亭と名を付け、来客があるとよく鯉の自慢をしながらご馳走をしていました。

この池の掃除の時は、ふだん箒も持った事のない父が率先してまず鯉を全部網で引きあげて池の端の大きな壺の中に入れてから池の水を空にし、手伝いに来た大学生の従兄たちとデッキブラシを持ち襷《たすき》をかけ裾をからげ、あの太った身体に力をこめてゴシゴシとコンクリートの水垢を取るのです。まさに珍風景というべきでしょう。従兄たちも力のある連中ですから、またたく間にきれいにされます。皆汗だくの労働です。池の側面の大きな栓をしてからまたなみなみと水を入れると鯉は活を得たように泳いでいました。父は大満足で手伝った従兄たちに上機嫌で、すきやきをご馳走し、ビールの接待です。

このビールをいかにおいしく飲ませるかが父の考案です。まず、やかんの中に氷のブッカキを入れ、その中にビールを注ぎ蓋をしてからガラガラと手で廻し、ほどよいところでサーッとコップに入れ冷たく泡立ったところをグッと飲む。これが父流のコツ。大正時代どこのレストランでもこんなことは無かったでしょう。子供の私には分らないのですが、皆うまいうまいの連発です。父は得意になって人を喜ばせています。こんなサービスがあるから手伝いに来る人たちに評判の悪かろうはずがありません。

父は、私たち姉妹をかわいがってくれましたが、決して溺愛とか盲愛とかではなく、また時に勉強を強いるのでもありませんでした。でも、教育的な本、例えば巌谷小波の「宝玉集」や「アンデルセン」「イソップ物語」「レ・ミゼラブル」、雑誌では「赤い鳥」「女性」等を、よく読ませておりました。私たち姉妹は、よく映画を見に行きましたが、帰ると必ずその内容を聞かれます。どういう事をテーマにしているかなどと言われます。だから、漫然と、ただ、きれいとか素敵とかうわべだけで観賞してはいられないので、あまり行く気にもならなくなるのでした。

家の土蔵の上はコンクリートの屋上庭園になっていて夏の夜、静かな住宅街の夜のしじまを破って宇宙の話がはじまります。父の声がビンビン響くほどです。人間は何千万年前には一人も生存していなかったとか、それが自然の力で人間がこの世に生を受けて活動しているとか、私たちには夢のような話をします。

また、大空を仰ぎ「お前たちよく見なさい。あの杓子のように七ッ並んでいる星が北斗七星、こっちのピカッと光って大きく見えるのが火星、殊に水木金土星というのはちょうど暦の一週間の名を星からとったものだ」とか説明します。でもいつも同じ事を言うのですから、父の天文学の知識はこれ以上ではなさそうでした。

よく芝居や相撲にも連れて行ってくれました。芝居は当時は市村座、新富座、そして六代目菊五郎が大の贔屓です。相撲の方は、秋田出身の両国、能代潟、大蛇山でこの三人のうち、誰かが勝つと父はあわてて枡からアタフタと傍にかけより祝儀を渡すのでした。後で力士は羽織袴姿で御礼に枡まで来ます。その時私たちをまるで煎豆のように「お前たち、ちょっとどきなさい」とはじき出し、力士たちを枡に坐らせ、祝いのビールやおつまみをご馳走し、「あの手はよかった」とか「手に汗をにぎった」とか言って取り口をほめていました。好きな力士のうちどちらかが出た時は大きな声援です。これにも父なりのコツがあって皆がワァワァ騒いでいる時には何も言わず、周囲が静かになった一瞬、やおら片膝を立てコップのビールを一口呑んでから、「両——国」と大声で叫ぶのです。すかさず「コクギカーン」と黄色い声で叫んでいます。皆いっせいに「アハハ……」と笑うのです。妹は両国に国技館があるのでそれが一つになっていると思っているので得々としているのです。父も笑顔でいます。私は恥ずかしくてかがんでしまうのでした。

ある日、相撲の帰りがけ両国橋を父母と私たち四人で歩いている時、橋のたもとに乞食がいました。父は五十銭玉をざるの中に入れ、また歩き始めました。その時、後から「旦那、旦那」と乞食がついて来るのです。私たちは気味が悪くて父母の後に隠れこわごわ見ていたのですが、乞食は「旦那、五銭玉と違いますか」といって五十銭を差出すのです。父は「いいから取っておきたまえ」と何気なく云ったので乞食は「お有難うございます」と押し戴いておじぎをして居りました。父は「ああいうのは珍しい」とほめていましたが、当時五十銭を出す人もまあ珍しかったのではないでしょうか。

毎年大晦日には大勢のお客を招待しました。私の覚えている限りでは芥川龍之介、与謝野鉄幹・晶子夫妻、平福百穂、田山花袋、結城素明、横山建堂、小杉未醒、森田恒友、徳富蘇峰、笹川臨風氏その他の方たちで、十四、五名は集まり、広間でご馳走し最後には毛氈を敷いて揮毫を申し入れます。端渓の硯で墨をするのは私たちの役、丼に八分目にすった墨はすぐなくなってしまいます。父はその方たちの書いて下さったのを掛物に表装したり、額にしたりするので書いた方たちも張り合いがあるというのでしょう。ある方は「私は滝田さんのおかげでうまくなったようなものです」と言われたそうです。

父の日常

二階の洋間が父の書斎でした。ここで多くの原稿を見るのです。正面のガラス扉を開けると天気のよい日は富士山が目の前にクッキリと美しい姿が見られます。父は「望岳楼」と名を付け、特に夏目漱石や徳富蘇峰、大町桂月、横山建堂、田山花袋その他の有名人に揮毫して頂いたものを、額にして各部屋に飾るのを得意としていたようです。

ある日「オイッ、オイッ」と書斎で母を呼び何か怒っています。何事かと聞いていいたら書斎があまり雑然としていたのを、母が女中ときれいに整理したその事が気にいらず、父を怒らしたのです。父の書斎はいつも汚く、きれいなのを見たことがないほどでした。父にすれば雑然としている中でもそれなりに本の置場所や原稿の整理をしているのでしょう。とにかく「あれはどこへやった」「あれが無い、これが見えない」と母をどなりつけているのです。母はただオドオドと謝っています。汚い中にも父なりの整理があるのです。それからは母は片付けをする時はご機嫌伺いをしてからでないと掃除をしないようになりました。それにしてもせっかく骨折ってした事がまるで怒られ通しでは気の毒と母に同情し、あんなにまで怒らなくてもと亭主関白ぶりが憎らしくなったことでした。

父はいつも善さんや豊さんの人力車で会社に通っておりました。夏の暑い日勢よく俥を下りると、父は着ている着物や袴をかなぐり捨て猿又一つの裸になり、籐の長椅子にゴロリと横になるやいなや扇風機に当ってグウグウ鼾をかいて寝てしまうのでした。まさに電光石火の早業、ものの二、三分です。そしてどのくらいか、おそらく一時間も経たないと思う頃にはもう「ガバ」とはね起き、母に手伝わせてまたうす物の羽織、袴でソソクサと俥で次の仕事に出かけます。

そんなある日、いつもの通り善さんの車で丸ビルに通っている時、通りがかりのタクシーと父の乗っている人力車とがぶつかり、危く落されそうになりました。善さんがシッカリと梶棒を握って離さず父の身を守ってくれて幸い父は安泰であったそうです。その事を父が非常に感謝し、負傷した善さんに医者の世話をしたり、また家族の人たちの面倒を見たりしたそうです。そんな事件が父に大きな心の痛手を残したのか、それからはフッツリと人力車をやめてしまい、本郷から電車で丸ビルに通うようになりました。

父が『中央公論』の広告を書く時は、大きな方眼紙に『中央公論』と横に大書しその下に各作家の名を書き、またその下に概略を細かく一字ずつ書き入れます。当時は墨で書くので失敗した時は母が傍で小さく切った方眼紙を糊でその上に貼り、父が正しく書き直します。傍で見ていると、真剣な両親の有様が、この上なく尊い姿に見えました。夫唱婦随、この時代には当り前の事でしょう。でも一つの物を仕上げるにはそれなりの苦労も同じと、たまたま見ていた私はその情景に打たれたのでした。

また父はよく作家の談話筆記に出かけました。徳富蘇峰さんは、特に父を指名なさるようでした。とても気むずかしい方だそうで、気むずかしい点では他の追随を許さぬ父も徳富先生にだけは頭が上らず、一目おいている様子でした。当日になると鎌倉の建長寺まで出張します。前の晩、母は一ダースの鉛筆をきれいに削り、赤、青の鉛筆、消しゴム等を筆箱に入れ原稿用紙と字引と一緒に風呂敷に包んで送り出します。この日ばかりは父が時間を気にしているので私たちまで今日は大事な日と思ってしまうのでした。

お寺の鐘が鳴ると同時に入らないとご機嫌が悪いとか、筆記をする時は口早に言われたかと思うと、じっと空をにらみ、次は間髪を入れず矢継早に言葉が出て、ウッカリしていると聞き洩らしてしまうとか。そして、「滝田君、あの字は何偏であったか」と問われるとすぐ字引を出して正確な文字を言わなければならず、だから字引は傍から離されないそうで、そのへんのコツがなかなかむずかしいとか。家に帰ってからその話を聞かされるのですが、さすがに疲れが出るのか、その時の晩酌は、ひとしお、おいしいようでした。

宇野千代さんのこと

そのころ本郷三丁目に燕楽軒という今でいうレストランと喫茶店を一緒にしたような、かなり大きな建物がありました。ここに私たちはよく父に連れられてアイスクリームやソーダ水を頂きに行ったことがあります。ここのウェートレスというのでしょうか、きれいなお姉さんが父に「中央公論の滝田さんですね、これをお願いします」と袂から丸めた原稿を渡していました。父はこれを読み、なかなか才能があると認めたようです。この出会いがきっかけとなり、それから作家として世に出たのが今では大作家の宇野千代さんです。

当時まだ洋服を着る人の少ない時、私たちは銀座のパリー院という洋服店で誂えていましたが、父が「宇野君はセンスがよい」と言い一緒に行って見立ててもらって注文したことを覚えています。パーティで最近何回かお目にかかりますが、八十六歳とは思えぬ若々しさで「お父様には大変お世話になったのですよ」とお話になり、父の倍近く長寿を保たれて居られるこの方の生命力の強さに敬服して居ります。

晩年

ガムシャラな仕事ぶりそして旺盛な食慾はしかしいつの間にか父の身体を蝕みはじめていたようでした。喘息と腎臓の病気にかかり今までのような活躍ができなくなって来ました。

寒い時の外出は医者に止められ、家に閉じ籠る日が続きます。

学校から帰ると「春江か?」と呼ばれます。「只今」と病室に入ると「お父さんの背中を揉んでくれ」と言われます。父は横に寝ず毎日特註の皮張りの椅子に腰かけているのです。黄八丈の半纏の上からもむのでかなり力がいりました。半纏も同じ所ばかりなのでその部分だけ綿が出るほど薄くなってしまいます。ものの十分くらいで「もういい、ありがとう」と言って五十銭出し「労働は神聖だから貯金しなさい」と渡されます。喘息の病気は息切れがするらしく「ハァーハァー」といかにも苦しそうな姿、ほんとうに哀れで心が重くなりました。

連日の無聊を今度は画を書く事によって癒す事を考えた父は、玄関に置いてある棕棕竹の鉢を持ちこませ、これを写生することに執念をもやし始めました。「はいばら」の和紙をたくさん買い込み、そしてグリーンの絵の具のチューブは一ダースの箱を買い求め、今度は坐って書くので傍に半円型のビロードの脇息をおき、テーブルに向かってジーッと見据えて徐《おもむろ》に絵筆を動かします。何枚も気に入らず丸めたり、破り捨てたり。やっと書きあげた画の上に和歌を十種類くらい書き、椤陰の賛をして仕上げたのが十枚以上もあります。書き上げた画は出入りの表具師に表装をさせ牙軸を付けて掛物とし、近親の人たちに贈って居りました。その歌の一つに、私には涙なくしては読めない一句があります。

見果てねどはた見あきねど我が夢は
　四十余年の夢多き日々

恐らく父はこの歌のように再起不能を自覚し、形見のつもりで詠んだのではなかったでしょうか。

小康を得るとすぐ外に出たがり、その都度母が付添いです。帝劇に梅蘭芳が来たからと出かけたり、恢復したと言っては料理屋に客を呼んで時を過ごしたり、こうした事が引金となり、かえって病状を悪化させる原因となりました。病気の方は一進一退、二人の医者が交代で往診に来られます。遂に尿の出が悪く、両足から水を取るようになり見るも痛ましくホータイが巻かれました。往時の明るかった向日葵の花の色は目に見えて色褪せてきはじめました。ある日徳富さんが御見舞に来られ、

「滝田君、君が医者の言う事を聞いて治ったら僕は君の前で裸踊りでも何でもしますよ」

と慰めて下さった事がありました。父の心中はどんなであったでしょうか。

しかし度重なる無理が嵩じて遂に面会謝絶を医者に宣言されてしまいました。

ここに至って父は心ならずも主幹の職を辞する覚悟をきめたようです。その内容の一部を書いて見ます。


「中央公論」は公器なり。私情を以て去就を決すべきに非らず。是れ小生が今涙をも落さずして断乎『主幹』の地位を離るゝ所以。切に貴下の御諒解を乞ひ申候。書余万々御面会の上。

大正十四年十月廿日

前『中央公論主幹』

滝田哲太郎　㊞

『中央公論社長』
麻田駒之助殿

十月二十七日。学校に電話があり、「お父さんの具合が悪いからすぐ帰るように」ということでした。物音一つしない家の中、祖父と母がポツンと坐って居ます。祖父が「お父さん、とうとう駄目になった」と涙をこぼしました。私は、床の上に寝ている父を見ました。それまでは、横になると胸苦しくなるからと、椅子にばかり腰掛けていた父です。「お父様」とその身体に抱きつきました。泣けて泣けて、涙の止めようもありませんでした。

四十四歳の働き盛り、私はまだ十六歳でした。娘たちへの愛情以上に父は仕事に没頭し、精根を傾け男の花道を六方を踏み、華やかに揚幕に引きあげたのでした。中央公論社葬として告別式は十月三十日、本郷の喜福寺で盛大に行われました。花輪がズラリと左右に並びました。千人以上の方がお別れに来てくださったということです。

（にしむら・はるえ　滝田樗陰の二女）

解説　樗陰と茂雄——過ぎし世の編集者像

竹内　洋

著者杉森久英は一九一二（明治四五）年生まれで、一九九七（平成九）年に没した作家。『天才と狂人の間』で直木賞を受賞している。伝記小説や評伝の名手といわれ、『近衛文麿』『辻政信』など多くの作品を残している。大正・昭和期の宮内省（宮内庁）主厨長（料理長）秋山徳蔵を描いた『天皇の料理番』は、一九八〇年、九三年、二〇一五年と三回もテレビドラマ化されそのたびに話題になったが、その原作者でもある。

評伝は、対象人物の生い立ちから書き始めるのが常套である。本書でいえば、たとえば、こうである。滝田樗陰、本名は滝田哲太郎。一八八二（明治一五）年六月二八日、秋田市手形新町に、父・以久治、母・よしの長男として生まれた。滝田家は代々秋田藩士であった……。しかしこんな書き出しでは、人物を知っている人はともかく、知らない人は、退屈で、入り口で本を閉じさせてしまいかねない。本書が刊行されたのが一九六六年、樗陰逝去から四一年経っている。だからさすが評伝の名手、いきなり生い立ちからはじめるような野暮な幕開けはしない。

本書の幕が上げられると、「はじめに個人的な回想にふけることを許していただきたい」と口上がある。杉森自身が『中央公論』の編集者をしていたときの逸話から始まる。杉森が熊谷中学校（現・熊谷高等学校）教諭を辞し、『中央公論』の編集者となったのは一九三九（昭和一四）年である。樗陰が永眠してから一四年後だったから、生前の樗陰をよく知る人々が社内にも社外の執筆者にもいた時代である。入社が決まると、杉森はこう激励された。「君も大いに勉強して、滝田樗陰のような立派な編集者になりたまえ」と。これを序章として、つづく第一章は常套手法で樗陰の生い立ちにふれはじめると思いきや、いきなり本丸に入る。樗陰が傾きかけていた『中央公論』の中興（中公！）の祖となっていくさまにふれていく。

樗陰についてまったく知らなかった人にも人物像と活躍の舞台が目に浮かぶ仕組みとなっている。読者は十分に用意ができて、第二章ではじめてふれられる樗陰の生い立ちを興味津々に読むことになる。さすが手練れの評伝家の舞台回しである。第二章以降も樗陰をめぐる逸話を多くとりあげられながら、その人物が描かれていく。言い回しがうまく、そこはかとないユーモアもそえられている。神は細部にやどるといわれるが、なるほど人と為りも醜聞や美談を含めた微細な逸話にやどるとあらためて知らされる。読者は本書で樗陰の人と時代をたっぷりとあじわうことができるはずである。

ここでは、樗陰に、岩波書店の創業者でありかつ名編集者でもあった岩波茂雄というもう一枚のレンズを重ねることで、過ぎし世の編集者像を考えてみたい。

樗陰と茂雄には共通点が多い。樗陰は、一八八二（明治一五）年生まれ。その一〇ヶ月前に岩波茂雄が長野県に誕生している。樗陰は一九〇〇（明治三三）年に、第二高等学校（仙台）に入学しているが、翌年、茂雄は第一高等学校に入学している。二人が高校生のときに、第一高等学校生で茂雄の一学年下の藤村操が華厳の滝の大木に「悠々たる哉天壌、遼々たる哉古今」ではじまる「巌頭之感」を書き残し、自殺した。藤村操の自殺に代表される煩悶は当時の知的青年の間の流行病だった。茂雄は煩悶がこうじて第一高等学校を中退し、東京帝大には正規の学生ではない選科生として入学を許可される。樗陰は東京帝大（英文科）に進学し、法科に転学するも、大学を中退する。二人とも煩悶青年を経た中退者である。樗陰が『中央公論』の編集主幹になったのは一九一二（大正元）年であるが、岩波茂雄が女学校の教員を辞め、のちの岩波書店のもとになる古本業岩波書店を始めたのがその翌年だった。

二人とも漱石のところに出入りしていた。樗陰は原稿の「居催促」家として有名だった。居催促とはその場に座り込んでしつこく催促することをいう。樗陰は催促の度がすぎて、漱石に出入り禁止をくらったりした。といっても漱石は遅筆ではなく、締切の約束を守るまれな作家だったことは樗陰自身が認めている（「作家の原稿の書振りと私の原稿居催促」『新潮』明治四三年一〇月号）。だから、樗陰が漱石にしつこすぎる催促をしたのは原稿依頼を受けてくれるかどうかのほうだっただろう。茂雄も漱石を立腹させている。岩波書店の看板の字を漱石に書いてもらいたいと頼み込んだが、なかなかもらえない。漱石の意にそうものができなかったからだ。そこで茂雄は、書き損じになっていたものを無断で持ち出し、それを看板に使い、漱石に大目玉をくらう。茂雄は漱石の家の便所で片足を落とし、糞まみれになったこともある。

樗陰も茂雄も漱石山房に集う旧制高校→東京帝大卒の学歴貴族と同種のハビトゥス（実践感覚となる性向）を有しながらも、中退者であることから『三四郎』に登場する専門学校卒・東京大学選科生佐々木与次郎のような傍系ハビトゥスによって道化的ポジションを獲得する。漱石を怒らせたり、呆れさせたりしながら懐に飛び込む。樗陰は小説「一夜」「薤露行《かいろこう》」「二百十日」などをつぎつぎと『中央公論』に掲載することに成功した。文藝欄を充実させて『中央公論』を誌名のとおり総合雑誌のセンターたる位置に飛躍させた。茂雄は漱石の『こゝろ』の刊行で出版業に本格的に踏み出すことができた。

これを手始めに樗陰は二高人脈で東京帝大法科大学教授吉野作造を看板学者に迎え評論を充実させた。茂雄は同級生で寮生活をともにした阿部次郎が別の版元から出してベストセラーとなっていた『三太郎の日記』の続編『三太郎の日記　第弐』を岩波から出す。そしてそれらに新たな文章を加えた『合本　三太郎の日記』を刊行し、ドル箱としていく。また阿部次郎や安倍能成などの一高人脈を編集者と執筆者にした『哲学叢書』全一二巻を一九一五（大正四）年から一七年に刊行し、岩波書店＝哲学書肆というブランド化に成功する。樗陰も茂雄も社会関係資本（人脈資本）を十全に生かしているところも似ている。

本書にあるように、樗陰は『中央公論』が一二万部売れた絶頂期の一九一九（大正八）年には、歩合制で月々二〇〇〇円を受け取っていた。当時の『中央公論』の看板学者吉野作造の同年の年収は八九八三円（そのうち東京帝大からの俸給は三三四六円）である。俸給以外は印税・原稿料・講演料である。岩波の看板学者となった阿部次郎の一九二一（大正一〇）年の所得決定書には四二〇〇円とある。阿部のほうはこのときは慶応などの非常勤講師職だったから、その大半は印税・原稿料である。これだけでも相当なものであることがわかるが、かれらの総年収の三〜六倍、帝国大学教授（吉野）の年収の七倍が、一時的とはいえ樗陰の年収だったことにあらためて驚く。茂雄は、一九三四（大正一三）年には東京市の多額納税者の一人となる。これをみても出版産業の黄金期のはじまりの時代だったことがよくわかるものである。ちなみに本書の著者杉森は、一九二一（昭和九）年三月に東京帝大を卒業し、翌年一二月に県立熊谷中学校嘱託教員になったが、そのときの月給は八〇円だった。

樗陰と茂雄は、短期でせっかちで、どこか憎めないところがあることも似ていたが、違っているところもある。樗陰は原稿をいつまでも得られないと、執筆作家に「『ソレデモニンゲンカ』タキタ」などとけんか腰の電報を打ったりした。茂雄と執筆者との間にはそのような確執はほとんどない。むしろ丁寧に尊敬の念をこめて応対した。ここらあたりの両者のハビトゥスの違いは、樗陰のほうは自分でも作家となりたいと思っていただけに、無頼漢まじりの文士的ハビトゥスであり、岩波は教育者を志しただけに教員ハビトゥスだったことによるものだろう。茂雄を教員ハビトゥスというのは、岩波書店員は茂雄のことを「先生」と呼んでいたことにもみることができる。樗陰は雑誌の目玉の文藝欄の関係で文士との付き合いが多く、茂雄は哲学者など学者との付き合いが多かったから、それぞれはうってつけのハビトゥスだった。

しかし、樗陰は一九二五（大正一四）年一〇月、四三歳という若さで逝去し、『中央公論』の編集のバトンは嶋中雄作（一八八七～一九四九）にわたされる。嶋中については、本書第三章にふれられているが、洋服が似合う紳士だった。樗陰をインテリ崩れとすれば、雄作はインテリそのものだった。茂雄のほうは、敗戦後、これまでのアカデミックな枠をこえた大衆の教養のための雑誌『世界』の刊行（一九四五年一二月号創刊）にこぎつけた。しかし、『世界』創刊の翌年に逝去し、『世界』の編集は吉野源三郎（一八九九～一九八一）に託された。吉野源三郎は教員肌の茂雄とちがって翻訳家でもある学究肌だった。嶋中雄作も吉野源三郎も樗陰や茂雄と異なった近代的編集者だった。しかし、そうした変化がおこったあとでも、樗陰や茂雄の明治的編集者気質は、近代的編集者気質と併存したり、混合しながら、編集者の原型ハビトゥスとして生き延びた。

だがネット・メディアの台頭によって、本や雑誌(紙媒体)は斜陽メディアとなる。そのあたりから、編集者の世界に樗陰・茂雄型でも近代的編集者型でもない新手の編集者タイプが目立つようになる。「売れるのが、よい本」を公言する企業者ハビトゥス全開の編集者である。かれらは、商売勘定を一の次にする投資こそが利益を生む(「いい本が売れる」、つまり脱利害が利益をもたらす)という雰囲気をもった樗陰・茂雄型編集者や近代的編集者とは似て非なるものにみえる。しかし、この新種の編集者タイプは、樗陰・茂雄型編集者や近代的編集者が出版の黄金期ゆえに隠蔽可能だった企業者ハビトゥスを露呈させたものともいえる。だとすれば、昔は昔にあらず、今は今にあらず。樗陰や茂雄を今の時点から仔細に見直すことは、今とこれからの編集者や出版文化を考えることにつながるのではなかろうか。

(たけうち・よう　京都大学名誉教授)

初出一覧

滝田樗陰　『中央公論社の八十年』一九六五年刊
滝田樗陰追憶記　『中央公論』一九二五年十二月号
父・滝田樗陰の思い出　『中央公論』一九八五年七月号

編集付記

一、本書は『滝田樗陰――ある編集者の生涯』（中公新書、一九六六年十一月刊）を底本とし、「滝田樗陰追憶記」より五編、「父・滝田樗陰の思い出」を増補したものである。文庫化にあたり、サブタイトルを改めた。

一、底本中、明らかに誤植と思われる箇所は訂正した。また、「滝田樗陰追憶記」は新字・新仮名遣いに改めた。

一、本書には、今日の人権意識に照らして不適切な語句や表現が見受けられるが、著者が故人であること、執筆当時の時代背景と作品の文化的価値等に鑑みて、原文のままとした。

中公文庫

滝田《たきた》樗陰《ちょいん》
――『中央公論《ちゅうおうこうろん》』名編集者《めいへんしゅうしゃ》の生涯《しょうがい》

2017年4月25日　初版発行

著　者　杉森《すぎもり》 久英《ひさひで》

発行者　大橋 善光

発行所　中央公論新社
〒100-8152　東京都千代田区大手町1-7-1
電話　販売 03-5299-1730　編集 03-5299-1890
URL http://www.chuko.co.jp/

DTP　ハンズ・ミケ
印　刷　三晃印刷
製　本　小泉製本

Published by CHUOKORON-SHINSHA, INC.
Printed in Japan　ISBN978-4-12-206398-3 C1195

定価はカバーに表示してあります。落丁本・乱丁本はお手数ですが小社販売部宛お送り下さい。送料小社負担にてお取り替えいたします。

各書目の下段の数字はISBNコードです。978-4-12が省略してあります。

中公文庫既刊より

よ-56-1
憲政の本義 吉野作造デモクラシー論集
吉野作造
憲法、民主主義、ポピュリズム……大正デモクラシーを唱道し、百年前から私たちの抱える課題を見通した吉野の代表論文6篇を収録。〈解説〉苅部直
206252-8

S-2-23
日本の歴史23 大正デモクラシー
今井清一
第一次世界大戦の戦争景気で未曾有の繁栄を迎え、太平ムードが世の中をおおう。大正時代の独特な姿を硬軟さまざまの面から掘りさげる。〈解説〉大門正克
204717-4

キ-3-18
日本文学史 近代・現代篇一
ドナルド・キーン
徳岡孝夫訳
坪内逍遥、二葉亭四迷、尾崎紅葉、幸田露伴、樋口一葉、そして泉鏡花。文明開化の時代、翻訳小説、政治小説の流行から幻想奇譚まで、近代文学の幕開け。
205516-2

キ-3-19
日本文学史 近代・現代篇二
ドナルド・キーン
徳岡孝夫訳
日露戦争の後におこった自然主義運動、そしていまなお読者をひきつけてやまない夏目漱石、森鷗外、白樺派の同人たち。近代小説の形成と発展を描く。
205542-1

キ-3-20
日本文学史 近代・現代篇三
ドナルド・キーン
徳岡孝夫訳
プロレタリア文学運動の行方、都会の裏町に情趣を探った永井荷風。そして華々しい成果を残した文豪たち、芥川龍之介、谷崎潤一郎ら、その生涯と作品。
205571-1

キ-3-21
日本文学史 近代・現代篇四
ドナルド・キーン
徳岡孝夫訳
西洋文学の影響下、モダニズムが開花した。佐藤春夫、横光利一、伊藤整、堀辰雄。そして、虚無のなかに美をみつめた川端康成。そして時代は転向文学を生む。
205596-4

キ-3-22
日本文学史 近代・現代篇五
ドナルド・キーン
角地幸男訳
日本文学の一大特色、私小説と戦時下における戦争文学。つづく戦後は、太宰治、織田作之助、坂口安吾、石川淳ら、無頼派と呼ばれた作家たちの活躍を見る。
205622-0

キ-3-23
日本文学史 近代・現代篇六
ドナルド・キーン
徳岡孝夫
角地幸男 訳
終戦後開放的な気分が漂うなか、左翼文学が台頭し、岡本かの子、林芙美子、佐多稲子ら女流文学者が活躍。そして鬼才三島由紀夫が華々しく登場する。
205647-3

キ-3-24
日本文学史 近代・現代篇七
ドナルド・キーン
新井潤美 訳
正岡子規、与謝野晶子、北原白秋、石川啄木、斎藤茂吉らが牽引し、明治期以降、日本の伝統的な短詩型文学である短歌と俳句は新たな発展を遂げる。
205671-8

キ-3-25
日本文学史 近代・現代篇八
ドナルド・キーン
新井潤美 訳
明治・大正・昭和と、伝統的な詩型をあらため、海外の作品の影響を色濃くうけながら、北原白秋、萩原朔太郎、宮沢賢治など、近代詩は豊かに発展した。
205701-2

キ-3-26
日本文学史 近代・現代篇九
ドナルド・キーン
角地幸男 訳
河竹黙阿弥、岡本綺堂らの活躍で歌舞伎は伝統を保ちつつ新時代へ。新派、新劇、三島由紀夫の戯曲の数々。そして明治・大正・昭和の批評と小林秀雄を論考する。
205728-9

た-30-29
潤一郎ラビリンスⅠ 初期短編集
谷崎潤一郎
千葉俊二 編
官能的耽美的な美の飽くなき追求を鮮烈に描く「刺青」など八篇、反自然主義の旗手として登場した若き谷崎の初期短篇名作集。〈解説〉千葉俊二
203148-7

た-30-30
潤一郎ラビリンスⅡ マゾヒズム小説集
谷崎潤一郎
千葉俊二 編
「饒太郎」「蘿洞先生」「続蘿洞先生」「赤い屋根」など五篇。自らマゾヒストを表明した饒太郎、そのきわめて秘密の快楽の果ては……。〈解説〉千葉俊二
203173-9

た-30-31
潤一郎ラビリンスⅢ 自画像
谷崎潤一郎
千葉俊二 編
神童と謳われた少年時代、青春の彷徨、精神主義からの堕落、天才を発揮し独自の芸術を拓く自伝的作品「異端者の悲しみ」など四篇。〈解説〉千葉俊二
203198-2

た-30-32
潤一郎ラビリンスⅣ 近代情痴集
谷崎潤一郎
千葉俊二 編
上州屋の跡取り巳之介はお才に迷い、騙されても欺れてもこりずに追い求める。谷崎描く究極の情痴の世界「お才と巳之介」ほか五篇。〈解説〉千葉俊二
203223-1

各書目の下段の数字はＩＳＢＮコードです。978－4－12が省略してあります。

た-30-33
潤一郎ラビリンスⅤ　少年の王国
谷崎潤一郎
千葉俊二編
子供から大人の世界へ、現実から夢へと越境する少年を描いた秀作。「小僧の夢」「二人の稚児」「小さな王国」「母を恋ふる記」など五篇。〈解説〉千葉俊二
203247-7

た-30-34
潤一郎ラビリンスⅥ　異国綺談
谷崎潤一郎
千葉俊二編
谷崎の前半生を貫く西洋崇拝を表す「独探」、白楽天や蘇東坡の漢詩文以来の物語空間を有する西湖を舞台に描く「西湖の月」等六篇。〈解説〉千葉俊二
203270-5

た-30-35
潤一郎ラビリンスⅦ　怪奇幻想倶楽部
谷崎潤一郎
千葉俊二編
凄艶な美女による凄惨な殺人劇「白晝鬼語」ほか、日本探偵小説の先駆的作品ともいえる、怪奇・幻想の世界を描く五篇を収める。〈解説〉千葉俊二
203294-1

た-30-36
潤一郎ラビリンスⅧ　犯罪小説集
谷崎潤一郎
千葉俊二編
日常の中に隠された恐しい犯罪を緻密な推理で探る「途上」、犯罪者の心理を執拗にえぐり出す「或る罪の動機」など、犯罪小説七篇。〈解説〉千葉俊二
203316-0

た-30-37
潤一郎ラビリンスⅨ　浅草小説集
谷崎潤一郎
千葉俊二編
谷崎が幼児期から馴染んだ東京の大衆娯楽地、浅草。芸術論に明け暮れ、猥雑な街に集う画家や歌唄い達の哀歓を描く「鮫人」ほか二篇。〈解説〉千葉俊二
203338-2

た-30-38
潤一郎ラビリンスⅩ　分身物語
谷崎潤一郎
千葉俊二編
芸術的天才の青野とその天分を羨やむ大川の話、Ａは善の、Ｂは悪の小説家。又は西洋と東洋など自己の内なる対立と照応を描く三篇。〈解説〉千葉俊二
203360-3

た-30-39
潤一郎ラビリンスⅪ　銀幕の彼方
谷崎潤一郎
千葉俊二編
映画という芸術表現に魅了されその発展に多大な期待を寄せた谷崎。「人面疽」「アヹ・マリア」他、映画に関するエッセイ六篇を収録。〈解説〉千葉俊二
203383-2

た-30-40
潤一郎ラビリンスⅫ　神と人との間
谷崎潤一郎
千葉俊二編
小田原事件を背景に、谷崎・佐藤・千代夫人の関係を虚構を交えて描く「神と人との間」ほか、「既婚者と離婚者」「鶴唳」を収める。〈解説〉千葉俊二
203405-1

た-30-41
潤一郎ラビリンスXIII　官能小説集
谷崎潤一郎
千葉俊二編
恋愛は芸術である――人間の欲望を束縛する社会の制約をはぎ取って官能の熱風に結ばれる男と女の物語「熱風に吹かれて」など三篇。〈解説〉千葉俊二
203426-6

た-30-42
潤一郎ラビリンスXIV　女人幻想
谷崎潤一郎
千葉俊二編
思春期を境に生ずる男女の美の変化、天成の麗質に研きをかける女性的美への倦むことのない追求を描く「女人神聖」「創造」「亡友」。〈解説〉千葉俊二
203448-8

た-30-43
潤一郎ラビリンスXV　横浜ストーリー
谷崎潤一郎
千葉俊二編
〝美しい夢〟の世界を実現すべく映画制作に打ち込む主人公を描く「肉塊」、横浜時代の暮しぶりを回想したエッセイ「港の人々」の二篇。〈解説〉千葉俊二
203467-9

た-30-44
潤一郎ラビリンスXVI　戯曲傑作集
谷崎潤一郎
千葉俊二編
〝読むための戯曲〟として書いた二十四篇のうち「恋を知る頃」「恐怖時代」「お国と五平」「白狐の湯」「無明と愛染」の五篇を収める。〈解説〉千葉俊二
203487-7

い-16-1
城下の人　石光真清の手記　一
石光真清
明治元年熊本城下に生れた著者は、神風連・西南役の動乱中に少年期を送り、長じて日清戦争で台湾に遠征、ロシア研究の必要を痛感する。波瀾の開幕。
200550-1

い-16-2
曠野の花　石光真清の手記　二
石光真清
明治三十二年八月、ウラジオストックに上陸、黒竜江の奥地に入る。諜報活動中にも曠野に散る人情に厚い馬賊や日本娘たちがある。波瀾万丈の第二部。
200582-2

い-16-3
望郷の歌　石光真清の手記　三
石光真清
遼陽、沙河と、日露両軍の凄惨な死闘の記憶は、凱旋の後も消えない。放浪の末の失意の帰国、郊外閑居。そして思い出深い明治は終った。手記第三部。
200602-7

い-16-4
誰のために　石光真清の手記　四
石光真清
錦州の事業の安定も束の間、またもや密命により革命に揺れるアムールにとび、シベリア出兵へ。明治人波瀾の生涯――四部作完結。〈解説〉森　銑三
200689-8

各書目の下段の数字はISBNコードです。978－4－12が省略してあります。

こ-21-1　**本郷菊富士ホテル**　近藤富枝
夢二、安吾、宇野浩二、広津和郎らの作家・芸術家たちが止宿し、数多くの名作を生み出した高等下宿の全容を描く大正文学側面史。〈解説〉小松伸六
201017-8

こ-21-6　**田端文士村**　近藤富枝
巨星芥川の光芒のもとに集う犀星、朔太郎、堀辰雄ら多くの俊秀たち。作家・芸術家たちの濃密な交流を活写する澄江堂サロン物語。〈解説〉植田康夫
204302-2

こ-21-7　**馬込文学地図**　近藤富枝
ダンス、麻雀、断髪に離婚旋風。宇野千代・尾崎士郎をはじめ数多くの作家・芸術家たちの奔放な交流——馬込にくりひろげられた文士たちの青春。〈解説〉梯久美子
205971-9

た-87-1　**忘れ得ぬ人々と谷崎潤一郎**　辰野隆《ゆたか》
辰野金吾を父に持ち名文家として知られる仏文学者が同窓の谷崎、師として仰ぐ露伴、鷗外、漱石らとの交流から紡いだ自伝的文学随想集。〈解説〉中条省平
206085-2

ま-3-3　**文壇五十年**　正宗白鳥
自然主義文学の泰斗が、明治・大正・昭和の文芸・演劇の変遷を回想。荷風、鷗外、花袋や日露戦争以後の文壇状況を冷徹な視点で描く文学的自叙伝。〈解説〉持田叙子
205746-3

お-86-1　**小説四十六年**　尾崎士郎
文壇登場までの奮闘、宇野千代との出逢い、代表作『人生劇場』に纏わるエピソード、戦時下の従軍体験などが満載。絶筆となった自伝的随筆を初文庫化。
206184-2

ち-8-1　**教科書名短篇　人間の情景**　中央公論新社編
司馬遼太郎、山本周五郎から遠藤周作、吉村昭まで。人間の生き様を描いた歴史・時代小説を中心に中学教科書から厳選。感涙の12篇。文庫オリジナル。
206246-7

ち-8-2　**教科書名短篇　少年時代**　中央公論新社編
ヘッセ、永井龍男から山川方夫、三浦哲郎まで。少年期の苦く切ない記憶、淡い恋情を描いた佳篇を中学教科書から精選。珠玉の12篇。文庫オリジナル。
206247-4